Vorwort

Am 16. Juli 1972 starb ein junger Soldat auf der Krim. Er war Glied einer christlichen Gemeinde und erlitt einen gewaltsamen Tod. Wie und warum das geschah, wird in diesem Buch berichtet. Die dokumentarischen Beweise, die im »Centre for the Study of Religion and Communism« und zum Teil auch beim Missionsbund »Licht im Osten« aufbewahrt werden, bestätigen die in diesem Buch berichteten Tatsachen.

Wanjas Tod war so außergewöhnlich, daß er Tausende, vielleicht sogar Millionen von Menschen in der ganzen Welt auf die Religionspolitik der Sowjetunion aufmerksam machte. Die Gemeinde, zu der Wanja gehörte, verglich seine Todesursache mit der Ermordung Nikolaj Chmaras, der bereits 1964 in einem sibirischen Gefängnis umgekommen war. Junge Baptisten in der UdSSR verfassen Gedichte über diese beiden Märtyrer und lesen sie in Gottesdiensten vor, um die Gläubigen zu ermutigen. Obwohl Iwan Moissejews* Tod ungewöhnlich ist, beleuchtet er doch die Situation der Christen in Rußland, die die Christen, ja alle Menschen guten Willens, mit Besorgnis erfüllen muß.

Tatsächlich ist die Sowjetunion seit der bolschewistischen Revolution allen »Religionen« gegenüber feindselig geblieben. Manchmal versuchte es Rußland mit gewaltsamer, illegaler Verfolgung, dann wieder mit den subtileren Mitteln der Propaganda. Doch bis heute hat die russische Regierung ihr Ziel nicht aufgegeben, alle religiösen Überbleibsel auszurotten.

Diese militante atheistische Politik haben alle Kirchen und Gemeinden in der Sowjetunion zu spüren bekommen. In den ersten Jahren nach 1917 war es die alte orthodoxe Staatskirche, auf die sich die ganze Wucht des atheistischen Angriffs richtete, während sich die Baptisten und andere Denominationen einer relativen Freiheit erfreuten, die sie auch voll ausnutzten. Doch Stalin ergriff die Zügel der Macht immer fester, und bald bekamen alle Kirchen den kalten Wind zu spüren.

Während des Terrors der dreißiger Jahre litten und starben Tausende von Christen in Stalins immer wiederkehrenden »Säuberungsaktionen«. Doch im Zweiten Weltkrieg änderte sich ganz plötzlich die Lage. Die schweren Verluste, die das Land erlitt, brachte die Regierung in eine Notlage: Sie brauchte dringend ein Maximum an Unterstützung seitens der Bevölkerung.

* Wanja ist die Koseform von Iwan

So versuchte sie, den russischen Patriotismus zu wecken, und legte den Kirchen nahe, ihre Mitglieder für die nationale Sache zu gewinnen. Als Folge privater Absprachen zwischen Stalin und manchen Kirchenführern kam es zu gewissen Konzessionen, die zu einem Nachlassen des Drucks und damit zu einer für die Regierung überraschenden religiösen Wiederbelebung führte.

Diese neue Politik dauerte jedoch nicht lange. Als die unmittelbare Krise vorüber war, kehrte man zu dem alten System der Unterdrückung zurück. Dann kam Chruschtschow an die Macht. Obwohl er den Ruf genoß, Stalins Fesseln wieder etwas zu lockern, startete er doch eine erbarmungslose Anti-Religions-Kampagne, die von 1959 bis zu seinem Sturz im Jahre 1964 dauerte. Man schätzt, daß etwa die Hälfte aller orthodoxen Kirchen im Land geschlossen wurden, und auch die Baptisten hatten unter der neuen Verfolgung zu leiden.

Als Folge davon erhielten die Baptisten neue Statuten, die unter den baptistischen Gläubigen eine scharfe Reaktion hervorriefen und die Bildung einer Aktionsgruppe zur Folge hatten. Darüber kam es 1965 zu einem Riß innerhalb des Baptismus.

Die Aktionsgruppe, die sich damals abspaltete, hat bis heute einen illegalen Status. Sie nennt sich selbst »Rat der Kirchen der Evangeliumschristen-Baptisten«, und zu dieser Bewegung gehörte Wanja Moissejew. Die Führer dieser Gruppe fordern kompromißlose Treue Christus gegenüber, ständige geistliche Erneuerung und Evangelisation. Sie fordern auch Gerechtigkeit gegenüber den sowjetischen Gläubigen, indem sie sich auf die sowjetische Verfassung und die ursprünglichen Dekrete Lenins berufen. Sie gehören also im weitesten Sinne zur sowjetischen Bewegung für die Menschenrechte, zu der sie viel beigesteuert haben. Tatsächlich haben sie den Weg für viele kommende Ereignisse gebahnt, für Aktivitäten zugunsten der Menschenrechte in der Sowjetunion, die in den vergangenen Jahren Schlagzeilen machten. Es waren die Baptisten, die als erste auf geschickte Weise inoffizielle Dokumente, Listen und selbst regelmäßig erscheinende Hefte veröffentlichten, die über ihr Leben und ihre Probleme berichteten. Sie sind die einzigen Bewohner der Sowjetunion, die regelmäßig Listen ihrer Mitglieder in Gefängnissen zusammenstellen; dabei geben sie unglaublich genaue Informationen, einschließlich der Adressen von Hunderten von Arbeitslagern. Diese Daten sind von unschätzbarem Wert für alle die versuchen, die moderne Gesellschaft Rußlands zu erforschen. Die Baptisten sind die einzigen Dissidenten, die über eine geheime Druckpresse und einen Verlag verfügen. Er heißt »Der Christ« und ist wenigstens seit 1971, vielleicht auch schon früher, in Betrieb.

Dies ist der Hintergrund, vor dem man Leben und Sterben Wanja Moissejews sehen muß. Seine Ermordung war eine brutale Tat, die Furcht und Ärger einer kleinen Gruppe von Menschen enthüllt, die Befehlsgewalt hat. Und zugleich handelt es sich um den Ausbruch einer ständig schwelenden Feindschaft, die sich jederzeit in einer Gewalttat entladen kann. Es ist zu hoffen, daß sich antireligiöse Aktionen wie die unter Stalin und Chruschtschow nicht wieder ereignen. Die beständige Anteilnahme und positive Reaktion aller, die dieses Buch lesen, ihre Sorge um das Schicksal der Christen in der Sowjetunion, werden sicher dazu beitragen, das zu verhindern.

Michael Bourdeaux
Direktor des »Centre for the Study of Religion and Communism« Chislehurst, Kent, England.

I. Teil
Iwans Leben und Leiden

1. Wer von Herzen weint, kann selbst Blinde zu Tränen rühren

Joanna Konstantinowna wünschte sehnlichst, der Sarg würde noch nicht gebracht werden. Seitdem sie am 17. das Telegramm von der Armee erhalten hatten, fürchtete sie sich vor diesem Augenblick mehr als vor allem anderen. Ihre Augen suchten ihren Mann, Wassilij Trofinowitsch. Aber der war von so vielen Männern umgeben, daß sie nur auf gebeugte Hinterköpfe und Rükken sehen konnte. Es waren die Brüder aus dem Gebetshaus, die gekommen waren, um ihnen beizustehen. Um sie selbst standen und saßen die Frauen mit tief in die Stirn heruntergezogenen dunklen Babuschkas. Es war Totenstille im Raum.

Da hörte Joanna den Wagen kommen. Die Räder knirschten im Sand, als er zum Stehen gebracht wurde. Durch die Spitzengardine, die in der Julihitze unbewegt vor dem Fenster hing, konnte Joanna ihn sehen, auch das militärische Begleitfahrzeug hinter dem Lastwagen, aus dem jetzt zwei Männer in Traueruniform ausstiegen. Behutsam wurde der Sarg aus dem Wagen gehoben und auf die Schultern schwitzender Träger gelegt. Wanjas Bruder war hinausgeeilt. Auch die Freunde der Jungen. Joanna sah, wie sie durch die Holzpforte des Vorgartens gingen.

Beim Anblick der Soldaten verließ Joanna die Angst, sie könnte am Sarg ihres toten Sohnes die Kontrolle über sich verlieren. Sollte es Schwierigkeiten geben, würde sie jetzt alle Kraft brauchen. Sie merkte, wie die Augen ihres Mannes sie suchten. Ja, auch er war bereit. Eine ruhige Kraft schien ihn zu erfüllen.

Die beiden Offiziere und ein junger Zivilist betraten den Raum. Sie mußten sich bücken, um unter dem niedrigen Türbalken durchzukommen. Die Leute in der Stube wichen vor ihnen zurück, so daß ein freier Raum um sie entstand. Mit unsicherem Blick sahen sie sich um.

Da brachten auch schon vier junge Leute, Freunde von Wanja, den Sarg herein. Es war ein riesiger Sarg mit teuren Metallverzierungen. So einen Sarg hatte es im ganzen Dorf noch nicht gegeben. Ein paar Frauen fingen an, in ihre Taschentücher hineinzuweinen. Joanna hörte sie kaum. Verwirrt starrte sie auf den Sarg. Erst als sie ihn auf dem Tisch abgesetzt hatten, merkte sie, was sie am meisten verwunderte: Der Sarg war zugeschweißt und versiegelt.

Der ältere Offizier, der sich als Hauptmann Platonow vorstellte, räusperte sich und verbeugte sich leicht vor den Eltern.

»Im Namen von Oberstleutnant Malsin, Offizieren und Mannschaften der Einheit 6 1968 T spreche ich den Eltern, Verwandten und Kameraden des Soldaten Iwan Wassilijewitsch Moissejew unser Beileid aus zu dem tragischen Tod dieses jungen Sowjetsoldaten.«

Unter ihrem Schal fühlte Joanna die Briefe, die Iwan in den letzten Tagen vor seinem Tod geschrieben hatte. Sie preßte sie an sich, als wollte sie sie mit der flachen Hand gegen die Lügen Platonows abschirmen. Sie hatte sie nach den Poststempeln geordnet: 15. Juni 1972, 30. Juni, 9. Juli, 14. Juli, 15. Juli 1972.

»Wir möchten, daß der Sarg meines Sohnes geöffnet wird«, hörte sie Wassilij Trofinowitsch sagen.

»Das ist doch nicht nötig! Die Leiche Ihres Sohnes ist schon in Kertsch von Ihnen und Ihrem Sohn Semjon Wassilijewitsch identifiziert worden!« Platonow preßte ein gefaltetes Taschentuch gegen seine Stirn. Dann fuhr er mit sanfterer Stimme fort: »Dieser schreckliche Unfall ist ein großer Schock für Sie und Ihre Frau gewesen. Sie sollten sich weiteres ersparen!« Nun erstarben seine Worte fast zu einem Flüstern: »Der Tod durch Ertrinken kann einen menschlichen Körper sehr entstellen.«

Jetzt stand Joanna neben ihrem Mann.

»Genosse Offizier . . .?«

»Platonow.«

»Platanow«, wiederholte Joanna. »Als Iwans Mutter bestehe ich darauf, daß der Sarg geöffnet wird. Ich will meinen Sohn sehen. Und er soll in seinen Zivilkleidern begraben werden. Das ist unser Recht.«

Ein Brecheisen wurde über die Köpfe hinweg Wassilij zugereicht. Als er es unter dem Sargdeckel ansetzen wollte, unterbrach ihn der Offizier. Er schien es eilig zu haben.

»Ich bedaure, Genosse Moissejew, aber wir haben keine Zeit. Wir sind im Dienst. Aber was Sie hier vorhaben, ist sehr töricht.«

Die drei Männer warfen Semjon, der neben seinem Vater stand, einen warnenden Blick zu, gingen gebückt durch die niedrige Tür zurück und verschwanden.

Wieder hob Wassilij das Brecheisen. Da warf sich ihm Semjon entgegen, umklammerte den Deckel und rief:

»Nein, Papa! Nein, öffne ihn nicht!«

Zwei der anwesenden Männer packten Semjon an den Armen und zogen ihn vom Sarg weg. Semjon wehrte sich verzweifelt und flehte noch einmal:

»Bitte, Papa! Mama! Laßt Wanja in Ruhe! Laßt den Sarg zu!«

Das war fast zuviel. Inmitten der allgemeinen Verwirrung überfiel Joanna eine große Müdigkeit. Verständnislos starrte sie ihren Sohn an. Vor langer Zeit einmal war sie stolz auf seinen Ehrgeiz gewesen. Er hatte geträumt, er könne sich im Kollektiv hocharbeiten und sich einen Platz in der Verwaltung erobern. Dann war er eines Tages mit dem roten Halstuch der Jungen Pioniere von der Schule nach Hause gekommen. Niemand konnte ihn bewegen, das Halstuch wieder abzunehmen. Er hatte es geschafft, daß man mit den Moissejews rechnen mußte. Er war voller Selbstbewußtsein und Vertrauen auf die Zukunft.

Joanna sah seine wahnsinnige Angst, die aus dem selbstbewußten Mann ein bittendes Kind machte, und blickte weg. Soweit war es nun gekommen, daß er der Partei half, den Leib seines eigenen Bruders zu verbergen. Die beiden Ältesten der Gemeinde schoben Semjon zur Tür hinaus in den kleinen ungepflegten Garten. Dann war es wieder still.

Wassilij hatte sich inzwischen auf das Brecheisen gestützt, und nun lenkte ein leicht splitterndes Geräusch die Aufmerksamkeit wieder auf den Sarg. Behutsam, aber auch mit Furcht vor dem, was sich jetzt ihren Augen bieten würde, hoben sie den Deckel.

Die anwesenden Ältesten näherten sich einer nach dem andern, blickten zögernd auf den Leichnam, und Joanna bemächtigte sich eine schreckliche Vorahnung, als sie sah, wie eines der Gesichter nach dem anderen erstarrte und wie Fjodor Gorektoj sich gegen den Sargdeckel lehnte und weinte.

Joanna stützte sich auf eine Schwester aus der Gemeinde, die neben ihr stand. Da legte jemand den Arm um sie und führte sie langsam zum Sarg. Wie aus weiter Ferne hörte sie das Schluchzen ihres Mannes. Der Älteste, der sie führte, spürte ihr Zögern. Doch da war sie schon am Sarg. Sie zwang sich, einen Blick hineinzuwerfen und war im nächsten Augenblick völlig verwirrt.

Das war nicht Wanja!

Sie sah wieder hin und war beunruhigt, daß sie keine Erleichterung verspürte. Es war irgendein älterer Soldat mit breiten Kinnbacken, dessen Gesicht auf beiden Seiten arg verletzt war, wie nach einem verzweifelten Kampf. Der Mund war geschwollen, der Kiefer schien gebrochen, Stirn und Schläfen . . . Aber sein dunkles Haar war ins Gesicht gekämmt, wie es Wanja getragen hatte. Irgend jemand in der Nähe stöhnte. Ihre Augen wurden blind vor Tränen.

Doch, es war Wanja.

2. Hoffe auf den Herrn, aber streng dich auch selber an!

Die Lieder des Abends klangen noch in Iwan nach, als er in der Novemberkälte durch die vom Mond beleuchteten Weingärten schritt. Er war voller Freude und betete halb singend, halb sprechend: »Danke für die jungen Leute. Für unsere Abschiedsfeier. Für Brot und Weintrauben und Honig. Für den frischen Traubensaft von unseren Feldern. Für Boris, Wladimir, Ljuba, Jakow, Wiktor und Swetlana. Dank dir, Herr, für dein Wort, für die Predigt von Stefan und Sascha! Für den Geburtstag von Jelena Kusminitschna. Danke, daß es Geburtstagsfeiern gibt, damit wir uns versammeln können.«

Joanna, seine Mutter, blickte aus dem winzigen Fenster der Küche und sah ihn näherkommen.

»Was soll bloß in der Armee aus ihm werden?« sagte sie mehr zu sich selbst als zu ihrem Mann, der seine Stiefel neben dem Gasofen reinigte.

Wassilij ließ den Stiefel schwer auf den Boden fallen und richtete sich auf.

»Bis hierher hat uns der Herr geholfen«, zitierte er aus dem Alten Testament.

Seine Frau nickte, ohne sich vom Fenster abzukehren.

»Aber er ist erst achtzehn. Und erst seit zwei Jahren gläubig. Es wird schwer für ihn werden.« Sie griff nach der Teebüchse. »Er wird etwas Heißes trinken wollen.«

Da öffnete sich auch schon die Tür, und Iwan schlüpfte herein. An seinem Lächeln konnte Joanna sehen, was für ein wundervoller Abend es gewesen war. Sie setzte den Kessel auf den Herd und fragte:

»Viele junge Leute?«

»Überhaupt nur junge Leute. Stefan und Sascha haben gesprochen.«

»Oh, Stefan und Sascha haben gesprochen«, wiederholte Semjon. Er stand in der Tür zu dem Schlafraum, in dem die jüngeren Kinder auf Liegen und Feldbetten schliefen.

Die Eltern hatten es nicht gern, wenn er ihre Unterhaltungen über die Gläubigen mit anhörte. Um so mehr Spaß machte es ihm, besonders wenn sie dann so taten, als machte es ihnen nichts aus.

»Na, Wanja! Zurück von deiner geheimen Zusammenkunft?«

»Wir haben Jelena Kusminitschnas Geburtstag gefeiert, Semjon. Du hättest auch kommen sollen.«

»Und daß das dein letzter Abend ist, ehe du für zwei Jahre zum Militär gehst, spielte gar keine Rolle? Oh, nein, sicher nicht!« höhnte Semjon.

»Du kannst mit uns Tee trinken, Semjon.« Joanna stellte die Gläser auf den Tisch. Wollte Semjon noch an diesem letzten Abend, an dem Wanja bei ihnen war, Streit anfangen?

»Gut, daß Stefan noch gesprochen hat! Das muß die Augen der Mädchen wenigstens für eine Weile von Iwan Wassilijewitsch abgelenkt haben.« Semjon lachte, als er Iwan erröten sah.

»Als Soldat wird er gut aussehen.« Joanna wollte Semjon ablenken. Was verstand er schon von der Wortverkündigung!

Semjon wollte kein Spielverderber sein.

»Du warst aber auch ein gut aussehender Taxifahrer. Ich weiß nicht, was deine Kunden morgen anfangen werden, wenn du fort bist. Ich höre schon die alten Babuschkas auf dem Weg zur Klinik rufen: ›Wo ist bloß der junge Wanja?‹«

»Die würden mich bald vergessen, wenn du freundlich zu ihnen wärst.«

»Freundlich! Das ist kein bolschewistisches Wort. Freundlichkeit und Liebe! Liebe ist eine biologische Reaktion. Jedermann weiß das.« Sein Blick fiel auf den blumenumrahmten Spruch seiner Mutter an der Küchenwand. »Gott soll Liebe sein? Wie kann ein Gott, von dem man annimmt, daß er Geist ist, biologische Reaktionen haben?«

Iwan setzte sein leeres Teeglas nachdenklich auf den Tisch. »Deine Liebe zu Mama ist also biologisch?« fragte er.

»Natürlich! Es besteht eine Abhängigkeit, weil sie ein Elternteil ist. Bei Papa ist es das gleiche.«

»Und wenn du heiratest? Wirst du deine Frau nicht lieben?«

»Das ist noch leichter biologisch zu erklären.« Semjon lächelte ein wenig triumphierend. »Zuerst handelt es sich um die sexuelle Anziehung; dann, hoffe ich, entwickelt sich eine Freundschaft auf der Basis gegenseitiger Achtung.«

Iwan rückte mit seinem Stuhl näher zu seinem Bruder. »Und unser Moldauland? Wie erklärst du die Liebe, die du für das Moldauland empfindest? Was ist das?«

Semjon lehnte sich zurück. Er schien angestrengt nachzudenken. »Ich versuche nur, dir begreiflich zu machen, daß du in der Roten Armee weder Freundlichkeit noch Liebe finden wirst«, sagte er schließlich. »Das Leben dort ist kein Spaß. Es macht mir nichts aus, wenn du nicht zuhörst. Du kannst dasitzen und lächeln, wenn du magst. Aber von morgen an wirst du nicht mehr lächeln.«

In Iwans Blick strahlte Vertrauen. »Natürlich werde ich weiterlächeln, Semjon. Nicht die Regierung besteht darauf, daß ich zum Militärdienst eingezogen werde. Es ist der Herr, der mich dorthin schickt. Und wird er mich jetzt etwa verlassen? Das glaube ich nicht.«

Semjon zuckte die Achseln. »Es hat keinen Sinn, darüber zu diskutieren. Du bist entschlossen, es dir selbst schwer zu machen. Also gute Nacht!« Er nahm die Wolldecke und das Kissen, die zum Aufwärmen neben dem Ofen gelegen hatten, und ging in das kleine Kämmerchen, in dem er schlief. An der Tür drehte er sich noch einmal um: »Du wirst dich nicht nur wie gewöhnlich zum Narren machen, indem du über Gott redest und die ganze Zeit betest! Du mußt einmal zur Kenntnis nehmen, daß das gar nicht erlaubt ist! Aber es ist nicht meine Schuld, wenn du nicht auf mich hören willst.« Er schlug die Tür zu. Danach hörte man nur noch die Federn seines Feldbettes krachen.

In der Küche war es nun still, als Wassilij Trofinowitsch schließlich das Schweigen brach, war seine Stimme so leise, daß Joanna aufhörte, das Feuer zu schüren, um ihn verstehen zu können.

»Du mußt das tun, was Gott dir befiehlt, mein Sohn. Das wissen wir. Wenn es wahr ist, was Semjon sagt . . . Ich wünschte, ich könnte dir auf irgendeine Weise helfen.« Seine Augen ruhten liebevoll auf dem Gesicht seines Sohnes, als er fortfuhr: »Deine Mutter und ich, die ganze Familie, alle Brüder der Gemeinde werden auch weiterhin für dich beten. Das weißt du.«

Joanna setzte sich neben ihren Mann. Sie nahm das Strickzeug und folgte schweigend der Unterhaltung zwischen Vater und Sohn.

Von Wanja ging eine innere Sicherheit aus, die kaum zu seinen achtzehn Jahren paßte. Dieselbe Haltung hatte sie bei den Brüdern beobachtet, die aus den Arbeitslagern zurückkehrten. Sie waren mit dem Schlimmsten konfrontiert worden und hatten es ertragen. Das Lager hatte sie so geprägt, daß sie heute bewußter lebten als andere Menschen. Es gibt ein Sprichwort, nach dem der einzige Ort, an dem man frei ist, das Gefängnis sei, weil man dort schon alles verloren habe.

Besaß Wanja schon diese Freiheit?

Mit einem Blick auf die Tür zu Semjons Schlafkammer beugte sich Joanna vor, um Wanja besser verstehen zu können.

»Ich weiß«, sagte er, »der Herr will von mir, daß ich ihn bekenne, wo ich bin, und nicht schweige. Das sagen ja auch unsere Ältesten, wenn sie uns ermahnen, Gottes Liebe zu bezeugen und uns nicht vor den Folgen zu fürchten. Auch Stefan hat heute abend dazu aufgefordert.«

Wassilij ging auf seinen Sohn zu, umarmte ihn herzlich und sagte, indem er jedes Wort betonte:

»So gehorche nun Gott, Wanja. Und wir werden für dich beten.«

Es wurde eine lange Nacht für Wassilij Trofinowitsch. Während alle seine Kinder schliefen – Iwan auf der Couch, den gepackten Koffer neben sich –, kniete Wassilij, in eine Wolldecke gehüllt, neben dem Herd und betete für seinen Sohn.

3. Keine Schwelle ohne Gott

Es war fast zwei Uhr morgens. Iwan war vom Schlaf noch ganz benommen, als er mit den anderen Rekruten aus der drückenden Wärme des Armeelastwagens, mit dem sie vom Bahnhof hierher gebracht worden waren, heruntersprang.

Hier in Odessa war es kälter als an der Moldau. Der Schnee lag noch nicht sehr hoch, aber er war festgefroren und harsch.

Ein Begleitwagen dirigierte sie auf eine Gebäudegruppe zu, und während sie in der Dunkelheit halb dahinschlitterten, halb liefen, um mit dem Begleitwagen mitzukommen, versuchte Iwan zu verstehen, was man ihnen von verschiedenen Stellen aus der Dunkelheit zurief.

»Hier her – schnell, schnell!«

»Stramm gestanden!«

»Wir warten hier schon eine geschlagene Stunde. Wieso kommt ihr jetzt erst?«

»Schneller – schneller!«

»Wie soll man diesen Kerlen jetzt noch Betten anweisen? Das möchte ich wissen. Nach der Vorschrift haben alle Neuankömmlinge vor zehn Uhr abends hier zu sein.

»Aber du kannst sie doch nicht die ganze Nacht hier draußen in der Kälte stehen lassen!«

»Wo ist Karetko?«

»Karetko benachrichtigen! Sie sind hier!«

Eine schattenhafte Gestalt in grauem Mantel und Schal stieg schwerfällig die paar Stufen zu dem Gebäude hinauf, vor dem die frierende Gruppe zum Stehen gekommen war. Wegen der späten Stunde, bellte er, sei die Begrüßung kurz, und die Männer würden sogleich für die Nacht in ihre Unterkünfte entlassen werden. Die »Unterkünfte« waren die langgestreckten Gebäude, die den Platz umgaben, auf dem sie standen. Wie sie im Licht der Scheinwerfer sahen, waren die Gebäude fünf Stockwerke hoch. Jede Etage in jedem Haus enthielt sechs Schlafsäle, und in jedem Schlafsaal wurden zweiunddreißig Soldaten untergebracht. So befanden sich immer 192 Männer in einem Stockwerk. Im Zug hatten die Rekruten schon Zettel erhalten, auf denen Gebäude- Stockwerk- und Schlafsaal-Nummer angegeben waren.

Der Offizier räusperte sich, rückte das Halstuch zurecht und spuckte nachdrücklich in den Schnee.

Um sechs Uhr früh würde man sie durch ein Hornsignal wecken. Sie hätten fünf Minuten Zeit, um aufzustehen, sich anzuziehen und ihr Bett zu machen. Dann würden sie weitere Instruktionen erhalten.

Nach dem »Weggetreten!« verschwand der Offizier hinter der Tür und nun entwickelte sich eine gespenstige Aktivität. Die Unteroffiziere erwachten wieder zum Leben. Sie stießen, schrien und scheuchten kleine Gruppen von Rekruten in die verschiedensten Richtungen. Innerhalb der Gebäude schoben sich die müden Neuankömmlinge im Schein nackter, an der Decke befestigter Glühbirnen durch die Reihen der Schlafpritschen. Sie suchten nach den Nummern, die auf ihren blauen Scheinen angegeben waren. Unteroffiziere trieben sie zur Eile an.

Das Stimmengewirr wurde jetzt überschaubarer. Iwan hörte Litauer, die sich nur in gebrochenem Russisch verständlich machen konnten, Weißrussen mit dem berühmten Moskauer Akzent, die langsameren und weicheren Idiome des Nordens. Er hörte und sah alles durch den Schleier einer bleiernen Müdigkeit, die dem ganzen Durcheinander von Menschen, Schlafpritschen und Geräuschen einen Dämpfer aufsetzte.

Am nächsten Morgen schneite es leicht. Winzige Flocken fielen auf Boris Jakowlewitsch Frolows Wimpern und den Rand seines Signalhorns, als er es zum Wecken an den Mund hob und auf die Fenster des dritten Stockwerks richtete, wo die neuen Rekruten während der Nacht angekommen waren. Sie konnten nicht früh genug die Härten des Soldatenlebens zu spüren bekommen. Er nahm einen tiefen Zug kalter Luft in die Lungen, dann blies er.

Er konnte sich nur zu gut vorstellen, was nun in diesen Sälen vor sich ging: die ängstliche Eile, sich anzuziehen, nicht zurückzubleiben, nicht als langsam oder dumm dazustehen. Sie würden sich in ihrer neuen Uniform fremd fühlen, sich gegenseitig mustern, durch die Kälte zur Kantine rennen, um das Frühstück, das aus Fisch und Tee bestand, hinunterzuschlingen. Es war der erste Tag ihres neuen Lebens, das zwei Jahre lang aus Rennen bestehen würde: vom Exerzierplatz zum Unterrichtssaal, von der Kantine zum Turnplatz, vom Turnplatz in die Waschräume . . . Wieder blies er das Horn, diesmal in eine andere Richtung. Er hatte nur noch elf Monate. Das war etwas, wofür man dankbar sein mußte. Die Männer seiner eigenen Einheit stürzten mit nacktem Oberkörper aus den Baracken, bereit zum Dauerlauf. Sie würden den Fünfzehn-Kilometer-Lauf in der Stunde vor dem Frühstück noch schaffen.

Boris Jakowlewitsch senkte sein Horn und marschierte im Paradeschritt zurück. Vielleicht würde es ihm heute möglich sein, bei den Schießübungen eine Kugel für sich zu behalten. Der Gedanke daran erwärmte ihn schon vor der zweiten Tasse Tee.

Der rauchige Dunst von gebratenem Stör erfüllte die große Kantine, als Iwan sich in der Schlange anstellte. Das einzig Wichtige ist jetzt, ein stilles Plätzchen zu finden, dachte er. Zu Hause pflegte er um diese Stunde zu beten. Es war leicht, die Gebetszeit zu Hause einzuhalten, selbst in den ausgefüllten Tagen, als er im Institut zum Chauffeur ausgebildet wurde. Doch hier schien es überhaupt keinen ruhigen Ort zu geben. Überall wimmelte es von Uniformierten.

Ein Gefühl der Verlassenheit überfiel ihn. Es war so, wie er es erwartet hatte, aber vielleicht hatte er die Größe der vor ihm liegenden Aufgabe unterschätzt. Doch dann kam ihm wieder in den Sinn, was er sooft gehört hatte: »Wer immer sich zu mir bekennt vor den Menschen, zu dem wird sich auch der Sohn des Menschen bekennen vor den Engeln Gottes.«

Da ließ es ihm keine Ruhe mehr. Entschlossen legte er Gabel und Löffel auf den Teller, setzte mit einem Schwung über die Bank und ging mit den anderen auf die Eingangstür zu. Als erstes mußte er nun einen Gebetsplatz finden.

Er fand ein unbenutztes Büro, in dem eine alte Babuschka den Fußboden kehrte. Sie versicherte ihm, das Zimmer würde erst um zehn Uhr morgens benutzt. Sie selbst schloß es um fünf Uhr auf, wenn sie zum Putzen kam. Jeden Morgen, wenn Iwan diesen Raum betrat, dankte er seinem Herrn aufs neue für diese stille Ecke, in die er sich zurückziehen konnte.

Das ging schon vierzehn Tage lang gut und hätte weiter gutgehen können, wenn nicht eines Tages der Feldwebel Strelkow in Verwirrung geraten und Iwan der Anlaß dazu gewesen wäre.

Strelkow hatte ein langes glattes Gesicht mit hohlen Wangen, die er noch einzog, wenn er verwirrt war. Zwei Wochen lang hatte er nun versucht, die neue Einheit in Form zu bringen – zwei Wochen voller Fragen, Unordnung und ständiger Unterbrechungen. Er verabscheute so etwas. Diese Neuen waren armselige Kerle.

Seine zusammengekniffenen Augen waren auf die Stelle gerichtet, wo in der vor Kälte zitternden Formation ein Mann fehlte. Eine Bewegung an der Ecke des Exerzierplatzes zog seine Aufmerksamkeit auf sich. Er wartete teilnahmslos, während sich der Mann in verzweifeltem Lauf näherte.

Es war Moissejew. Außer Atem stellte er sich an seinen Platz. Keiner der Männer erlaubte sich auch nur die geringste Bewegung. Strelkow war zufrieden. Vielleicht konnte er ihnen an diesem Beispiel eine Lektion erteilen.

»Warum kommen Sie zu spät, Genosse Moissejew?«

Strelkows strenger Ton war ein stummer Zeuge dafür, daß er selbst niemals zu spät gekommen war.

Iwans Brust hob und senkte sich von der Anstrengung des langen Laufs über den Platz. Während er seinen Atem zu beruhigen suchte, blickte er verlegen auf die Gestalt des Feldwebels, der dastand, als hätte er ein Lineal verschluckt. Eine Spannung bemächtigte sich langsam der Einheit, während Strelkows Frage in der Luft hing.

»Es tut mir leid, Genosse Feldwebel. Ich habe gebetet, Genosse Feldwebel.«

Strelkow starrte ihn an. Nichts in Moissejews ernstem Gesicht deutete darauf hin, daß er Witze machte. Jemand mußte plötzlich husten. Strelkow starrte auf die bewegungslos dastehenden Männer, die ein Lachreiz zu erstikken drohte.

Strelkow war lange genug in der Armee, um zu wissen, wie man mit solchen Vorfällen fertig wurde.

»Sie werden jetzt mit der Einheit üben, Moissejew. Wenn wir mit Exerzieren fertig sind, erstatten Sie mir Bericht.«

Gleich darauf sah man die Männer an den verschiedenen Ecken des Platzes exerzieren. Iwan hatte nur den einen Wunsch, bei den Übungen so gut abzuschneiden, daß man sein Zuspätkommen vergessen würde. Wie konnte er nur das wundervolle Geschenk des Herrn, das stille Büro, so mißbrauchen! Wie leicht war es doch gewesen, sich darüber zu freuen. Aber wie konnte er so die Zeit vergessen! Wie konnte er zu spät zum Exerzieren kommen! Er wurde jäh aus seinen Gedanken gerissen, als ihn der Feldwebel erneut aufrief.

Strelkow war, wie auch sein Vater und Großvater, ein überzeugter Atheist. Sein Großvater war einer der ersten Bolschewisten gewesen, ein Leutnant zur See auf dem Kriegsschiff Aurora, und hatte während der Revolution in den Straßen von Leningrad mitgekämpft. Während des großen Krieges war sein Vater Offizier bei der Belagerung Leningrads gewesen und war in den letzten Tagen der Belagerung seinen Wunden und dem Hunger erlegen. Seinen Parteiausweis, den man bei seinem Tod in seiner Tasche gefunden hatte, trug Strelkow neben seinem eigenen in seiner Brieftasche immer bei sich. »Bürgerliche Überreste« in der Armee, wie er es nannte, störten ihn. Er rieb seine Handschuhe gegeneinander, entfernte sich etwas von den Rekruten und bedeutete Iwan mit einem Kopfnicken, ihm zu folgen.

»Was sagten Sie da übers Beten, Moissejew? Sie wollten keinen Witz machen?«

»Nein, Genosse Feldwebel.«

»Was ist denn mit Ihnen los?«

»Nichts, Genosse Feldwebel. Mir geht es gut.«

»Sind Sie orthodox? Gehen Sie zur Kirche?« Strelkow versuchte sich zu erinnern, ob heute ein religiöser Feiertag für die Orthodoxen war. Hin und wieder ereigneten sich Zwischenfälle an solchen Tagen.

»Nein, Genosse Feldwebel. Baptist.«

Das war noch schlimmer! Im Komsomol hatte Strelkow antireligiöse Seminare in ländlichen Bezirken geleitet. Auch die Baptisten waren dazu gekommen, doch sie gaben häufig so ausführliche Antworten auf religiöse Fragen, daß es schwierig war, sie in die Enge zu treiben.

»Das geht hier nicht, Moissejew! Beten, Religion! Nicht in der Roten Armee! Es ist schon ein Jammer, daß in der Sowjetunion immer noch religiöse Überbleibsel zu finden sind. Aber bei einem jungen Mann, der in der Armee der Sozialistischen Sowjet-Republik ausgebildet wird! Es ist klar, daß Sie Ihre Anschauungen ändern müssen.«

Iwan schritt schweigend neben dem Feldwebel her und fragte sich, ob eine Antwort von ihm erwartet werde.

»Ich bin sicher, wenn Sie erst ein paar Freunde haben und das Soldatenleben ein bißchen mehr genießen, werden Sie einsehen, wie kindisch Ihre religiösen Ideen sind. Erst nachdem Rußland das Joch des Zaren und der Kirche abgeschüttelt hatte, konnte es stark werden. Dasselbe gilt für einen Mann.« Trotz seines Mantels begann Strelkow zu frieren. Er sollte jetzt an seinem Schreibtisch sitzen. Er warf einen Blick auf Iwan. Der schlotterte vor Kälte. So schickte er ihn zurück.

Strelkow blieb noch einen Augenblick stehen und sah Iwan nach. Es war keine befriedigende Unterredung gewesen! Die Leute hatten gehört, daß Moissejew gesagt hatte, er habe gebetet. So blieb Strelkow wohl nichts anderes übrig, als den Polit-Offizier zu verständigen.

Das Polit-Ruk*-Büro war nur schwach erleuchtet. Das trübe, durch weiche grüne Vorhänge noch gedämpfte Licht des Wintertages drang nur spärlich in das Zimmer. Politoffizier war Hauptmann Boris Saliwako, ein Brocken von einem Mann, klein, aber breit und mächtig gebaut mit buschigen Augenbrauen. Es interessierte ihn nicht, wenn jemand unpünktlich zum Dienst gekommen war; aber Strelkows Geschichte erregte seine Aufmerksamkeit, falls sich Moissejew nicht einen schlechten Witz erlaubt hatte. Er hatte ihn rufen lassen.

Während sie auf Moissejew warteten, hatte Strelkow böse Ahnungen.

* Kurzform für »Politicheskoje-Rukowodstro« (= Polit-Erziehungsstelle)

Vielleicht hätte er den Jungen nicht so ernst nehmen sollen? Er wünschte, er hätte sich nicht auf eine Unterredung mit ihm eingelassen. Er hatte gehofft, ihm einen Rat geben zu können, ihm zu helfen. Aber es konnte wohl sein, daß Moissejew alles leugnete und ihn als Narren hinstellte. Wenigstens konnten die Männer seiner Einheit bezeugen, daß Iwan gesagt hatte, er hätte gebetet. Aber wie viele hatten das wirklich verstanden?

Aber da trat Moissejew schon ein. Sein Käppi saß im richtigen Winkel. Er hatte korrekt und respektvoll gegrüßt. Saliwakos Interesse wurde durch die Unbefangenheit geweckt, mit der Iwan seinem Blick begegnete. Der junge Bursche war seiner selbst sicher, und da war keine Andeutung von Frechheit oder Spott.

Saliwako bedeutete ihm, sich zu setzen. »Sie sehen nicht aus wie einer, der zu spät zum Dienst kommt. Aus was für einem Grund sind sie heute später als die andern erschienen?«

»Es tut mir sehr leid, Genosse Hauptmann, daß ich zu spät kam. Es soll nicht wieder vorkommen.«

»Sie beantworten meine Frage nicht. Was für eine Erklärung haben Sie dafür, daß Sie zu spät kamen?« Saliwakos Stimme wurde schärfer. Er liebte Ausflüchte nicht.

»Ich habe gebetet, Genosse Hauptmann.«

Die Antwort hing in ihrer ganzen Fremdheit in der Luft.

Strelkow seufzte erleichtert auf. Er hatte also doch richtig gehandelt, als er Bericht über Moissejew erstattete. Jeder wußte, daß die Religion eine Bedrohung für die sowjetische Lebensweise bedeutet. Lenin hatte selbst gesagt, daß es das Ziel der kommunistischen Partei sei, die Arbeiterklasse von der Religion zu befreien.

Saliwako fragte, während er mit den Fingern auf den Tisch trommelte:

»Zu wem haben Sie gebetet?«

»Zu Gott, Genosse Hauptmann. Zu Gott, dem Schöpfer des Universums, der alle Menschen liebt.«

»Zu Gott!« Saliwako schloß für einen Augenblick die Augen. »Die Wissenschaft hat bewiesen, daß Gott nicht existiert. Unsere russischen Wissenschaftler haben diese Fragen gründlich untersucht, und die Lehre des wissenschaftlichen Kommunismus bestätigt, daß es keinen Gott gibt. Die Gottesidee wurde von Menschen früherer Zeitalter erfunden, um die wirtschaftlichen Bedingungen zu erklären, die in primitiven Zeiten nicht anders verstanden werden konnten.«

»Das lehren die Atheisten.«

»Und das ist die richtige Ansicht. Diese Haltung nimmt die kommunistische Partei ein, die Akademie der Wissenschaften und jede andere große Institution in Rußland, einschließlich des sowjetischen Verteidigungsministeriums. Es ist die Haltung des russischen Volkes.«

»Genosse Polit-Offizier, ich weiß, daß der Atheismus die offizielle russische Weltanschauung ist. Doch die Bibel lehrt, daß Gott den Menschen schuf, nachdem er das ganze Weltall erschaffen hatte. Dies ist der christliche Glaube.«

Saliwako hatte sich während des Gesprächs Notizen gemacht. Er hielt damit inne: »Sie haben eine Bibel?«

»Nein, Genosse Hauptmann.«

»Die Bibel ist in der Sowjetunion nicht willkommen. Sie ist voller Irrtümer und wissenschaftlich überhaupt nicht haltbar. Sie fördert Passivität und Unterwürfigkeit. Deshalb ist sie in der Armee verboten. Ich kann tatsächlich nicht verstehen, warum irgend jemand ein solches Buch lesen sollte.«

»Es verwandelt unser Leben . . .«

»Die Armee verändert das Leben, Moissejew. Und die Weltanschauung! Vielleicht brauchen Sie Hilfe, um sich das klar zu machen. Das ist eine viel tiefere Wahrheit als alles, was Sie in der Bibel finden.«

»Ich bemühe mich, nach bestem Wissen und Gewissen meine Arbeit hier zu tun.«

Saliwako wurde langsam ärgerlich. Religiös eingestellte Rekruten waren schwer zu behandeln. Gläubige waren Betrüger. Nach außen hin erschienen sie wie gute Staatsbürger, wie ruhige, friedliche, harmlose Leute. Und unter dem Deckmantel der Tugend verbreiteten sie ihre falschen Lehren.

»Ich bin glücklich, daß Sie das sagen, Moissejew. Diese Feststellung bedeutet natürlich, daß Sie beschlossen haben, Ihre subversiven Ideen über Gott abzulegen. Sie werden also in jeder Beziehung bei dem Programm mitmachen, das entwickelt wurde, um Sie in einen Sowjetsoldaten umzuwandeln, dessen Treue zum Staat nicht in Frage gestellt werden kann. Ich gratuliere Ihnen.«

Strelkow blickte Hauptmann Saliwako bewundernd an. Der Polit-Boß wußte, wie man Menschen behandelte.

Saliwako fuhr fort, ohne die Qual auf Moissejews Gesicht zu beachten: »Ich werde ein besonderes Interesse an Ihrer politischen Entwicklung nehmen und darauf achten, daß Sie in vollem Umfang an allen militärischen und politischen Übungen teilnehmen, die man von Ihnen verlangt.«

Saliwako erhob sich von seinem Stuhl und beobachtete Moissejew aufmerksam, während er auf dessen Antwort wartete. Der Junge wäre ein Narr, wenn er nicht dankbar nach dem Seil griffe, das er ihm angeboten hatte. Aber

Gläubige waren nun einmal Narren. Er wünschte, Moissejews Russisch wäre besser. Es war ermüdend, seiner zögernden, langsamen Rede zuzuhören.

»Ich bin glücklich, als sowjetischer Staatsbürger in der Armee zu dienen und beim Aufbau des Sozialismus in jeder mir möglichen Weise zu helfen. Aber ich bin auch Bürger eines anderen Reiches, des Reiches Gottes. Dieses Königreich stellt jedoch keine Bedrohung für den Sowjetstaat dar, denn es ist inwendig in den Herzen der Gläubigen, und die Gesetze dieses Reiches sind die Gesetze der Liebe. Auf diese Bürgerschaft und auf meine Treue zu diesem König, der Gott ist, kann ich nicht verzichten. Er baut sein Reich überall auf, selbst in der Sowjetunion, und es ist ein Reich, in dem Vergebung und Liebe herrschen.«

Saliwakos Stimme bebte, als er antwortete.

»In der Sowjetunion haben wir mit Königreichen aufgeräumt, Moissejew, und auch mit den Königen! Vielleicht haben Sie in Ihrem Eifer diese Tatsache übersehen. Wir haben nur für solche Platz, die dem Sowjetstaat treu sind und keinem anderen!«

Strelkow war irgendwie enttäuscht. Er hatte gehofft, Zeuge zu sein, wie elegant eine solche Angelegenheit behandelt werden konnte. Und es kam ihm unglaublich vor, daß ein junger Sowjetmensch schon so sehr durch die Religion vergiftet sein sollte.

Aber Saliwako war noch nicht am Ende. »Es ist offensichtlich, daß Sie die Belehrung und den Rat Ihrer Vorgesetzten ablehnen, Moissejew. Das bereitet mir Sorge. Sie brauchen eine Lektion. Da Sie so gern auf den Knien liegen und beten, werde ich Ihnen die Gelegenheit geben, konstruktive sozialistische Arbeit in dieser Haltung zu leisten. Sie werden auf Ihren Knien den Übungssaal und alle Flure in den Kasernen mit Eimer und Bürste schrubben. Und zwar die ganze Nacht hindurch. Vielleicht nützt diese Übung, die Sie vor Ihren Kameraden ausführen müssen, daß Sie einer Belehrung zugänglicher werden. Sie werden dabei reichlich Gelegenheit haben, darüber nachzudenken, ob Sie weiter an Ihren antisowjetischen Ideen festhalten wollen. Sie sind entlassen!«

Strelkow stand stramm und grüßte Hauptmann Saliwako. Die Angelegenheit war vorläufig also doch zu einem befriedigenden Abschluß gebracht worden. Ein gutes Gefühl des Einverständnisses herrschte zwischen den beiden Männern, als Moissejew grüßte und das Zimmer verließ.

Moissejew würde nun bald wissen, wofür Knie da waren.

Ehe es Mittag war, hatte sich die Nachricht in der ganzen Kompanie verbreitet, daß sich ein Gläubiger in der Einheit befand. Ein Lächeln erschien auf den Gesichtern, als die Geschichte von Mann zu Mann weitergegeben wurde, man schüttelte den Kopf oder zuckte amüsiert oder gleichgültig die Schultern.

Nach dieser ersten Geschichte machte dann schnell die zweite die Runde, daß der Polit-Boß Moissejew dazu verdonnert hatte, die riesige Halle in der Baracke mit einer Handbürste zu schrubben.

Unglaublicherweise war der Delinquent in guter Stimmung; er sang, während er seine Arbeit tat, und war trotz der ständigen Belästigungen durch Offiziere, die ihn in ihre Büros riefen und ihren Spott mit ihm trieben, vergnügt. Zur Mittagszeit strömten die Soldaten zur Kantine, erblickten Iwan bei der Arbeit und hörten die Lieder, die er mit offensichtlicher Freude leise vor sich hinsang. Seltsamer Mensch, dieser Moissejew!

4. Wo gibt es ein Gesetzbuch, das jedem Menschen so verständlich wäre wie das seines eigenen Herzens? (Tolstoi)

Kertsch, der farbenfrohe Hafen, der mit seinem üppigen Pflanzenwuchs ins Schwarze Meer hinausragte, war ein erregender Anblick für einen jungen Soldaten wie Iwan, der noch nicht weit herumgekommen war. Er strengte seine Augen an, als er bei dem Truppentransport hinten im Lastwagen hin- und hergerüttelt wurde. In der Ferne erblickte er die rauchenden Schornsteine der Stahl- und Eisenhütten, in der Nähe das schillernde Meer und die Möwen. Diese Stadt sei sehr alt, waren die Soldaten vorher belehrt worden. Sie war im sechsten Jahrhundert von den Griechen gegründet worden und hieß damals Panticapaeum. Die Soldaten sollten die höchste Erhebung, die den Namen Mithradates trug, genauer ansehen. Auf ihr stand immer noch die Ruine einer griechischen Akropolis.

Die Akropolis, so hatte der Offizier die jungen Männer belehrt, war der Sitz des griechischen »Sowjets«. Es würde sie interessieren, daß in Kertsch die glorreiche sowjetische Tradition der menschlichen Würde und Freiheit, die erst mit der Revolution wirklich begonnen hatte, nun im Schatten der griechischen Akropolis fortgesetzt wurde.

An dem neuen Standort in Kertsch sollten Iwans Prüfungen erst richtig beginnen.

In den ersten Tagen war er frei und konnte mit den anderen Soldaten hingehen, wohin er wollte, mit ihnen schwatzen und lernen. Ihre Aktentaschen waren mit Büchern und Papieren vollgestopft. Er genoß das sorglose Leben. Trotzdem betete er oft beim Exerzieren, beim Unterricht oder bei den militärischen Übungen: »Herr, hilf mir, daß ich mich auszeichne. Laß mich ein guter Soldat sein zu deiner Verherrlichung.«

Iwan hoffte, daß die Verhöre aufhören würden, nachdem er Odessa verlassen hatte. Er war ebenso froh wie Saliwako, daß er nun fort war. Doch Saliwako war gewissenhaft gewesen und hatte eine Nachricht an den Polit-Offizier in Kertsch geschickt, es befände sich ein Gläubiger bei der Einheit 6 1968 T. Der Soldat Moissejew habe öffentlich zugegeben, daß er bete, daß er Baptist sei und jede Gelegenheit benutze, um eine Versammlung zu besuchen. Er sei eigensinnig, habe sich nicht belehren lassen und sich auch dem Befehl widersetzt, über seinen Glauben zu schweigen.

Kaum zwei Wochen waren vergangen, als in der Polit-Erziehungsstelle in Kertsch Berichte eintrafen über Diskussionen, die in den Unterkünften stattgefunden hatten. Der Erlaß Lenins gewährte den Gläubigen in Paragraph 5 freie Ausübung ihrer religiösen Bräuche, verwehrte ihnen jedoch das Recht, für ihre Religion Propaganda zu machen, denn das hätte die Freiheit anderer Staatsbürger verletzt. Warum konnte Moissejew das nicht begreifen? Iwan seinerseits versuchte den Offizieren im Politbüro zu erklären, daß die Kameraden ihn oft über Christus ausfragten. Wenn sie Näheres über den Heilsweg wissen wollten – wo gab es ein Gesetz, das ihm verbot, ihre Fragen zu beantworten? Wie konnte er sie abweisen? Alle Gläubigen hatten Zeugen zu sein. Und selbst wenn es nicht das Gebot Christi wäre, seine Liebe anderen mitzuteilen – er könne die Freude einfach nicht verbergen, die ihn ständig erfülle.

Der Polit-Offizier Hauptmann Jarmak war jung und brannte auf eine Gelegenheit, sich auszuzeichnen und in der Parteihierarchie aufzusteigen. Wenn er mit Moissejew Erfolg hatte, würde das wirken. Jarmak nahm also seine Pflichten ernst. Jeder einzelne der 1 100 Soldaten in Kertsch mußte der Kommunistischen Partei und den Lehren des wissenschaftlichen Atheismus restlos ergeben sein. Nur dann konnte sich die Armee auf ihren Gehorsam verlassen.

Jarmak hob die Augen von den Papieren auf seinem Schreibtisch, als Moissejew hereingebracht wurde. Er starrte ihn einige Sekunden an, ehe er fragte:

»Waren Sie jemals krank, Moissejew?«

Moissejews Überraschung befriedigte ihn.

»Nein, Genosse Hauptmann. Ich habe niemals ein Krankenhaus von innen kennengelernt.«

»Es trifft sich gut, daß Sie gesund sind. Sie werden in den nächsten Tagen eine starke Konstitution brauchen – oder aber einen Gesinnungswandel, der Ihnen jedoch sehr schwer zu fallen scheint.« Jermak unterbrach sich einen Augenblick, um eine noch größere Wirkung seiner Worte zu erzielen. »In Odessa haben Sie eine ungesunde und rebellische Haltung an den Tag gelegt. Man hat versucht, Sie zu bewegen, auf ihre antisowjetischen Ansichten zu verzichten und dagegen Ihr militärisches und politisches Wissen zu erweitern. Aber Sie weigerten sich. Bis Sie zustimmen, sich der Obrigkeit zu unterwerfen und den Befehlen zu gehorchen, die man Ihnen gibt, befinden Sie sich in Haft, und zwar ohne Mahlzeiten. Sie sind entlassen!«

Das Zimmer, in das Iwan abgeführt wurde, war keine Zelle, sondern ein Arrestraum, der von den Offizieren der Polit-Erziehungsstelle für Verhöre und kurze Haft benutzt wurde. Ein Feldbett mit der regulären grauen Armeedecke, ein Tisch, drei Stühle und einige Militärhandbücher auf einem

Regal bildeten die Einrichtung. In einer Ecke befand sich eine schmutzige Toilette neben einem Wasserhahn. Das große Fenster, durch das das bleiche Licht des Spätnachmittags fiel, war verriegelt, und die Doppeltür wurde zweimal hinter ihm abgeschlossen. Das Zimmer war ungeheizt.

Für Iwan wurde es zu einer Kapelle. Dankbar sank er auf das Feldbett. In seinem Kopf wirbelten immer noch die Gesichter wütender Offiziere in Odessa und Kertsch, doch allmählich verblaßten sie und lösten sich auf wie Szenen eines Militärfilms. Was für eine Seligkeit, schlafen und beten zu können!

Schon oft zuvor hatte der Herr Iwan zu Zeiten des Fastens und Betens gedrängt. Iwan lächelte. Solche Zeiten hatten ihn jedesmal erneuert und erfrischt. Hauptmann Jarmak hätte ihm kein größeres Geschenk machen können.

Iwan wandte sich dem Herrn zu, in Gebet und Fasten. Wie lange er fasten würde, das lag in Gottes Händen, nicht in Jarmaks.

In der zweiten Nacht wurde er durch ein fernes, rhythmisches Hämmern geweckt. Er lag noch auf dem Bett und versuchte, diesen Laut einzuordnen, als sich der Schlüssel im Schloß drehte. Grelles Licht erhellte draußen den Gang. Ein Offizier, den Iwan nicht kannte, stand in der Tür und befahl in den dunklen Arrestraum hinein:

»Sie werden im Vortragsraum am Ende des Flurs erwartet. Kommen Sie sofort!« Und schon verebbte das Geräusch seiner schweren Stiefel in dem langen Gang.

Iwan mußte sich zur Ruhe zwingen, als er sah, daß die Elite der Offiziere zum Verhör gekommen war. Dann richtete er seine Augen auf die elektrische Wanduhr. Es war zwei Uhr fünfzehn morgens. Die meisten Offiziere lehnten bequem in den Schreibtischsesseln, sie rauchten und nippten an dampfenden Teebechern. Manchmal sprachen sie ruhig, stellten eine Frage und warteten auf seine Antwort. Dann wieder wurde er von verschiedenen Offizieren angeschrien, wobei in schneller Folge Anschuldigungen und Behauptungen wechselten.

Ob er nicht krank sei? Ob er seine Haltung geändert hätte? Seine Vorstellungen seien imperialistisch, also Überbleibsel aus der Zeit des Zarentums und des Kapitalismus. Sie könnten in der Roten Armee nicht geduldet werden. Er solle nur nicht denken, daß er um seines Glaubens willen litte. Er würde bestraft, weil er seiner Pflicht in der Armee nicht nachkäme. Wie lange noch würde er sich seiner Verantwortung seinen Kameraden und dem Sowjetstaat gegenüber entziehen? Wenn man einmal annehme, daß Gott existiere, wie könne er dann einen Weltraum schaffen, der zu klein für ihn sei?

Verstand er, Iwan, denn nicht, daß eine Ablehnung der Marxistisch-Leninistischen Lehren gleichbedeutend mit einer Ablehnung der Sowjetischen Lebensart sei? Gott sei vom Menschen erfunden worden, um Hungersnöte, Krankheiten und wirtschaftliche Bedigungen zu erklären. Die Vorstellung, es gäbe einen Gott, sei überholt. Ja, sie hindere die Entwicklung des freien sozialistischen Staatsbürgers. Deshalb seien Menschen, die solche Ideen verbreiteten, Feinde des Sowjetstaates . . .

Dies war das erste von vielen Verhören, und während der ganzen Zeit erhielt Iwan kein einziges Stück Brot. Oft wurde er mitten in der Nacht zum Verhör gerufen, manchmal verhörten ihn mehrere Offiziere, manchmal Polit-Offiziere, ein- oder zweimal auch nur ein Offizier, der zunächst ganz väterlich-gütig begann, dann aber schnell dazu überging, ihn anzuschreien.

Es dauerte fünf Tage, bis diese Prüfung zu Ende war. Am letzten Morgen wurde ein uralter Röntgenapparat über den Flur vor den Eingang des Arrestzimmers gerollt. Dieser Transport wurde von heftigem Geklapper und einem Aufruhr streitender Stimmen begleitet. Die Türen schienen für den Apparat nicht groß genug zu sein. Schließlich wurde Iwan in den Flur geschoben, damit sein Verdauungstrakt geröntgt wurde. Der technische Assistent, ein Jude aus Estland namens Majkajew, protestierte heftig. Dies sei nicht mehr mit medizinischer Gewissenhaftigkeit zu vereinen. Erst hätten sie den Apparat in die Kälte hinausgeholt, den ganzen Weg vom Krankenhaus her über holpriges, gefrorenes Pflaster gerollt, Rampen hinauf und hinunter geschleppt, und nun erwarteten sie, daß er richtig arbeite. Das bedeute eine sträfliche Vernachlässigung von sozialistischem Eigentum.

Später am Tag betrat Hauptmann Jarmak den Arrestraum, die Röntgenaufnahme und den dazugehörigen Bericht in der Hand. Als wenn diese Frage nicht schon hundertmal gestellt worden wäre, setzte er sich ruhig auf einen der Holzstühle und sah Iwan genau an:

»Nun, Moissejew, haben Sie Ihre Ansicht geändert? Sie haben jetzt fünf Tage keine Nahrung erhalten.« Der Hauptmann schien kleiner und weiter weg zu sein, als es der wirklichen Entfernung von seinem Stuhl zu Iwans Bett entsprach. Iwan war müde, aber er versuchte sich auf Jarmaks Frage und seine eigene Antwort zu konzentrieren.

»Eines Nachts betete ich«, begann er. »Ich fror und wollte gern schlafen, weil man mich zweimal in jener Nacht geweckt hatte. Aber ich lag wach und betete zu Gott für meine Familie und meine Freunde und auch für Sie, Hauptmann Jarmak.«

Jarmak stand ungeduldig auf und blickte aus dem vergitterten Fenster. Der Schnee fiel in dicken Flocken.

»Ich spürte keinen besonderen Hunger«, fuhr Iwan fort. »Aber ich war sehr müde und fror. Während ich betete, berührte mich Gott auf wunderbare Weise. Mir wurde warm, und ich fühlte mich so satt, als hätte ich eine große und köstliche Mahlzeit gehabt. Bald darauf schlief ich ein. Als ich aufwachte, war es Morgen, und die Sonne strömte durchs Fenster. Ein Vogel saß draußen auf dem Fensterbrett und sang. Es gibt einen Bibelvers, der sagt: ›Rufe mich an in der Not, und ich will dich erretten, und du sollst mich preisen.‹ Weil Gott mich gerettet hat, bin ich weder hungrig noch krank. Wie kann ich da meinen Sinn ändern? Sie können mich ansehen und selbst feststellen, was Gott an mir getan hat.«

Jarmak starrte noch immer auf die wirbelnden Schneeflocken draußen. In seinem Inneren tobte es. Seine Stellung als politischer Offizier hing davon ab, daß er bei solchen Männern wie Moissejew Erfolg hatte. Oberst Malsin hatte ihm bereits eine Notiz geschickt: »Lassen Sie Moissejew wieder essen! Ich möchte nicht dafür getadelt werden, wenn er Ihretwegen verhungert.« Mit eisiger Würde verließ Jarmak den Raum.

Iwan wurde zu seiner Einheit entlassen. Während eines morgendlichen Langstreckenlaufs begegnete er Sergej. Dicker Nebel war vom Schwarzen Meer aufgekommen und verhüllte die kahlen Bäume, die als Wegzeichen für diese Übung dienten. Der Langstreckenlauf wurde von Tag zu Tag verlängert, damit die Rekruten schließlich fünfzehn Kilometer vor dem Frühstück schafften. Die Männer rannten über hartgefrorene Felder, in Schluchten hinab, setzten über vom Schnee verwehte Gräben und gaben ihr Letztes her.

Iwan war etwas zurückgeblieben und bemühte sich, Schritt zu halten und den schrecklichen Durst zu vergessen, der ihn quälte. Da bemerkte er, daß sich ein Soldat aus einer anderen Einheit ständig neben ihm hielt. Plötzlich rief dieser keuchend:

»Er ist auferstanden!«

Was hatte er da gesagt? Iwan konnte sich keinen Reim darauf machen. Er wandte sich um, um das Gesicht des Soldaten zu erkennen. Es war aschfahl vor Anstrengung, zwang sich aber zu einem Lächeln. Wieder rief er:

»Ich sagte, er ist auferstanden, Bruder! Er – ist – auferstanden!«

Mit einem lauten Schrei beantwortete Iwan den alten Ostergruß:

»Er ist wahrhaft auferstanden! Halleluja!«

Iwan stieß einen Jauchzer aus. Die brüderliche Umarmung mußte auf später verschoben werden.

In einer der großen Garagen für Armeefahrzeuge, die sich zu beiden Seiten des Eingangstores erstreckten, fanden sie einen Platz, an dem sie zusammenkommen konnten. Es war ein altes Steingebäude, das früher Pferdestall gewesen war. Während des Krieges soll es sogar als Soldatenunterkunft gedient haben. Die dicken Wände hielten die schlimmste Kälte ab, und die geräumigen Parkplätze waren ideal, um umherzugehen und zu beten. Gelegentlich schlüpften ein oder zwei andere Soldaten in das Gebäude, um im Windschutz eine Zigarette zu rauchen, aber gewöhnlich waren Iwan und Sergej die wenigen Minuten, die sie zusammen sein konnten, ungestört.

Das Wissen um Sergejs Anwesenheit war Ermutigung genug für Iwan. Er hatte einen Bruder gefunden; die Freude darüber bestärkte in ihm das Gefühl, es werde nun endlich alles gut. So war es ein unangenehmer Schock, als er die Aufforderung erhielt, sich bei Major Alexander Petrowitsch Gidenko in der Polit-Erziehungsstelle zu melden.

5. Ein Heiliger ist nicht weich gebettet

Major Gidenko war ein riesiger Mann von militärischer Haltung, die seine Größe noch unterstrich. Rußland war gut zu ihm gewesen, und die Tatsache, daß er im Revolutionsjahr geboren war, gab ihm das Gefühl einer besonderen Bestimmung. Nach dem Universitätsstudium wurde die Armee sein Leben. Als Leiter des Polit-Komitees in Kertsch war er entschlossen, das Problem Moissejew aus der Welt zu schaffen, ehe sich die vorgesetzte Stelle, der Polit-Kommissar für die Krim, einschalten würde.

Gidenko seufzte. Er war nun zweiunddreißig Jahre bei der Armee und hatte alle Arten von Männern kommen und gehen sehen, aber noch immer gelang es ihm nicht, die ›Religiosniks‹ zu verstehen. Für ihn waren das halbherzige Kreaturen, die sich auf der Hintertreppe des Sowjetlebens herumtrieben. Warum gaben sie ihre seltsamen Praktiken nicht auf und ordneten sich ganz in das Leben des Sowjetstaates ein? Warum leisteten sie nicht ihren vollen Beitrag und ernteten dafür auch den vollen Lohn?

Der große patriotische Krieg war der Höhepunkt in Gidenkos Leben gewesen. In der Schlacht um Stalingrad hatte er als junger Soldat entsetzt auf die Geschütze der deutschen Truppen gestarrt, die nur hundert Meter entfernt standen. Damals war er überzeugt gewesen, daß er diese Schlacht niemals überleben würde. Unter dem Feuer der Granaten war er zum Hauptquartier der Partei gestürmt und war der kommunistischen Partei beigetreten. Seine Mitgliedskarte nahm er dann mit in die Schlacht. Daß er überlebte, vertiefte noch sein Gefühl, zu etwas Besonderem bestimmt zu sein. Er war geboren und lebte, um Rußland zu dienen.

Daß Menschen sich an die Gottesidee klammern konnten, war ihm unverständlich. Vielleicht waren die Alten zu ängstlich, um sich noch umzustellen, aber wie konnte ein junger Mensch wie Moissejew solche primitiven Anschauungen ernst nehmen? Er hatte doch auf sozialistischen Schulen die richtige Erziehung genossen! Man hatte ihn über die verdummende Wirkung der Religion aufgeklärt, über den zerstörenden Einfluß, den korrupte Priester und kirchenfreundliche Großgrundbesitzer auf Rußland gehabt hatten.

Ein kalter Wind peitschte draußen über die schneebedeckten Felder, die sich meilenweit um den Standort der Truppe erstreckten.

Wieder seufzte Gidenko.

Er hatte schon oft mit Gläubigen zu tun gehabt. Und die Erfahrung hatte ihn gelehrt, daß man nicht allzu viel durch Überredung und politische Umerziehung erreichte, obwohl er es immer wieder versuchte – es war oft einfach eine Sache der Disziplin.

»Wenn du mal überlegst«, hatte er am Abend zuvor zu seiner Frau gesagt, »mit all unseren Programmen über wissenschaftlichen Atheismus haben wir fast nie einen Gläubigen bekehrt. Oft ist schwere Bestrafung das einzig wirksame Heilmittel. Wenn ich auf Belehrung allein angewiesen wäre, könnte ich die Polit-Erziehungsstelle zumachen.«

Er wartete auf Moissejew.

Für den war es ein weiter Weg zu Major Gidenkos Büro. Während er durch die freigeschaufelten Straßen des Stützpunkts ging, pries er Gott für diese Gelegenheit zum Gebet. Dabei ging ihm ein Bibelvers durch den Kopf. Es gab eine Melodie dazu, die ihn sein kleiner Bruder Iljoscha zu Hause gelehrt hatte. Er sang sie leise vor sich hin. »Die Freude am Herrn ist unsere Stärke. Die Freude am Herrn ist unsere Stärke. Die Freude am Herrn . . .« Es war eine leichte, fröhliche Melodie, und sie paßte gut zu dem Sonnenschein, der auf dem Schnee lag. Eine fast überirdische Klarheit umgab Iwan. Gott war ihm nahe. Er brauchte sich nicht zu fürchten. Die Freude am Herrn erfüllte ihn und seine Gegenwart brannte wie Feuer in ihm.

»Fürchte dich nicht. Ich bin bei dir.« Wanja wußte es, daß er mit ihm ging, und dieses Gefühl der Gegenwart Gottes erwärmte ihn noch, als er an die Tür des Büros klopfte.

Gidenko grinste, als er Iwan sah. Das würde ja leichter sein, als er gedacht hatte. Was war nur mit Jarmak los? Wenn er Moissejews Alter nicht gewußt hätte, hätte er ihn auf sechzehn geschätzt.

»Setzen Sie sich, mein Sohn.« Mit der geöffneten Handfläche wies er auf den Lederstuhl vor seinem Schreibtisch. Er war die Freundlichkeit selbst.

»Sie sind weit fort von der Moldau-Republik, Moissejew.«

»Ja, Genosse Major.«

»Nach einem Jahr erhalten Sie Urlaub.«

»Ja, Genosse Major.«

»Vermissen Sie Ihre Familie? Mutter, Vater?«

»Das tue ich wirklich, Genosse Major.«

»Ich erinnere mich an meine ersten Tage bei der Armee. Ich pflegte jeden Tag nach Hause zu schreiben. Das kommt mir jetzt komisch vor. Schreiben Sie viel nach Hause?«

»Nicht jeden Tag. Dazu habe ich keine Zeit.«

»Nein? Warum nicht?«

»Wegen der Verhöre. Ich verbringe viel Zeit auf der Polit-Erziehungsstelle zu, wo ich verhört werde.«

»Warum so viele Verhöre? Lernen Sie nicht mit der Zeit die richtigen Antworten? Sie sehen mir nicht wie ein schlechter Schüler aus.«

»Manchmal besteht ein Unterschied zwischen den richtigen Antworten und den wahren. Manchmal erlaubt Gott nicht, daß ich ›richtige‹ Antworten gebe.«

»Tatsächlich? Und wer ist dieser Gott?« Kaum war ihm die Frage entschlüpft, als es Gidenko auch schon bereute. Moissejew lehnte sich auf seinem Stuhl vor, sein Gesicht erhellte sich.

»Gott ist der Schöpfer des Alls. Er ist Geist und liebt den Menschen sehr . . .«

»Ja, ja. Ich kenne die christliche Lehre.« Gidenko verlagerte sein Gewicht auf dem Stuhl. »Warum können Sie die richtigen Antworten nicht geben? Sind sie falsch, unwahr? Stimmen Sie nicht mit den Anschauungen der siegreichen Roten Armee überein?«

»Nein, Herr Major.«

»Erkennen Sie die Grundsätze des wissenschaftlichen Atheismus nicht an, auf denen unser ganzer Sowjetstaat und die militärische Kraft der Armee aufbauen?«

»Ich kann nicht anerkennen, was ich als unwahr erkenne. Alles andere will ich gern bejahen.«

»Es ist unmöglich, die Existenz Gottes zu beweisen. Selbst religiöse Menschen geben das zu, auch Priester und Prediger.«

Iwan merkte, wie eisig die Stimme des Majors wurde. Er begann im Inneren zu beten, ehe er antwortete.

Gidenko fuhr fort: »Sie sehen, selbst Ihre eigenen Lehrer behaupten nicht, was Sie behaupten – daß sie Gott *kennen.*«

»Herr, Sie sprechen davon, daß man die Existenz Gottes nicht beweisen kann. Es besteht aber keine Frage, daß man ihn erkennen kann. Er ist auch jetzt hier in diesem Raum. Ehe ich hierherkam, sprach er zu mir durch sein Wort.«

Gidenko sah Iwan aufmerksam an. Wollte der Junge vorgeben, er sei schwachsinnig? War sein Betragen eine List, um schnell aus dem aktiven Dienst entlassen zu werden?

Langsam erhob er sich von seinem Stuhl. »Moissejew, vor Ihnen haben wir bereits Männer wie Sie in der Armee gehabt. Zweifellos werden immer ein oder zwei von dieser Sorte dabei sein.« Er wandte den Blick ab, als er Iwans strahlendes Gesicht sah. Gidenko war allmählich davon überzeugt, daß Moissejew kein gefährlicher »Religiosnik« war, sondern einfach ein heimwehkranker Junge, der verzweifelt nach einem Ausweg suchte, aus der Armee entlassen zu werden. Solche Spielchen hatte er schon vorher miterlebt. Und war der Bursche nicht fünf Tage ohne Nahrung geblieben und hatte dann behauptet, er sei nicht hungrig? Gidenko hatte Soldaten erlebt, die vorgaben, nicht zu begreifen, wenn man ihnen eine Mahlzeit vorsetzte. Ein einziger Besuch beim Psychiater hatte sie von ihrer vorgetäuschten Krankheit geheilt.

Aber es gab keine Frage, was Moissejews geistige Gesundheit betraf. Er war zu einfältig, um gut zu lügen.

Gidenkos Stimme klang müde, als er sagte:

»Es tut mir leid, Moissejew, daß Sie auf Ihrem unkorrekten Betragen bestehen. Sie werden nichts damit erreichen als Unannehmlichkeiten. Doch Sie werden zur Vernunft kommen, wenn ich Ihnen eine leichte Strafe gebe. Darum befehle ich Ihnen, heute nacht nach dem Zapfenstreich auf der Straße zu stehen, bis Sie bereit sind, zu mir zu kommen, sich bei mir zu entschuldigen und die Grundsätze des wissenschaftlichen Atheismus zu akzeptieren. Da die Temperatur wahrscheinlich auf fünfundzwanzig Grad unter Null sinken wird, hoffe ich um Ihretwillen, daß Sie sich bald bereit finden, sich vernünftig zu benehmen. Morgen werden wir zusammen einen Plan für Ihre politische Umerziehung machen. Sie sind entlassen.«

Gidenko reagierte auf die Gelassenheit, mit der Moissejew den Befehl hinnahm, verwirrt. Er hatte ein Zögern, ein Nachdenklichwerden erwartet. Doch Moissejews Gesicht war ruhig und seine Schultern straff, als er in korrektem Schritt zur Tür ging.

»Genosse Soldat!«

Iwan drehte sich um. Gidenko bemerkte, daß er ein wenig blaß war. Er hatte den Befehl also verstanden.

»Sie werden meinem Befehl in der Sommeruniform nachkommen. Das ist alles.«

Der alte Korporal in der Kleiderkammer blickte ungläubig auf, als Iwan ihn um eine Sommeruniform bat. Bestürzt studierte er den Befehl und rieb sich dabei nachdenklich sein Kinn. Der Befehl konnte doch unmöglich stimmen. Er wollte nicht dafür getadelt werden, wenn etwas nicht stimmte. Was sollte eine Sommeruniform im Winter bei 30 Grad Kälte nützen? Wofür wurde sie gebraucht? Iwans Erklärung brachte einen verschmitzten Ausdruck in seine Augen. Ihm sollte wohl ein Streich gespielt werden, und dann würde er den Kürzeren ziehen. Aber nach einer barschen telefonischen Bestätigung vom Politbüro bekam Iwan schnell die leichte Hose, das Hemd, die Jacke und die seidene Mütze ausgehändigt. Der Korporal schwieg, er übergab Iwan die Sachen mit einem ernsten Kopfschütteln. Der Junge konnte die Gedanken fast hören, die hinter der Stirn und den anteilnehmenden Augen des Alten arbeiteten. Es würde eine bitterkalte Nacht werden.

Bei Mondaufgang kam ein Wind auf, der den Pulverschnee von den Ecken der Gebäude blies und über die sauber gefegten Straßen wirbelte. Es war in der Kaserne schon sehr kalt, als sich die Soldaten für die Nacht auszogen und sich wärmesuchend auf ihren Feldbetten unter die schweren Wolldecken kuschelten.

Igor Alexandrowitsch Markow lehnte, in seine Wolldecke gehüllt, an der Wand und rauchte eine Zigarette. Er stammte aus Georgien und hatte die leuchtenden dunklen Augen, das schwarze Haar und das leichte Temperament seiner Landsleute. Moissejew war ihm ein Rätsel, und er sah verwundert zu, als sich Iwan die Sommeruniform anzog.

»Sag es noch einmal, Moissejew, was willst du tun?«

Die leise Unterhaltung in den Betten verstummte. Auf dem Bett über Iwans Lager hustete Wladimir Jakowlewitsch Albu.

Iwan wurde es müde, seine Geschichte zu erzählen. Die Nachricht von dieser neuen Bestrafung hatte sich beim Abendessen wie ein Buschfeuer im Speisesaal verbreitet. Der Soldat, der die Suppe austeilte, hatte den Bericht vom Korporal in der Kleiderkammer bekommen, und mit jedem Teller Borscht, den er ausschöpfte, gab er auch die Neuigkeit weiter.

Als Iwan nach dem Abendessen die Halle verließ, war er mindestens ein Dutzendmal gefragt worden. Seine Antwort klang absurd:

»Beim Zapfenstreich muß ich mich beim diensthabenden Offizier melden und dann draußen auf der Straße stehen.« Er tadelte die Männer nicht, wenn sie dann lächelten oder wieder und wieder fragten: »Wie lange willst du draußen in der Kälte stehen?« »Du wirst nachgeben müssen, sonst erfrierst du!« – »Warum weigerst du dich, über deine Religion zu schweigen?« – »Warum kannst du nicht glauben und dabei den Mund halten?« – »Du bist nach fünf Minuten wieder drin.«

Igor brachte sie zum Schweigen. »Iwan! Woran glaubst du, daß du das alles auf dich nimmst?«

»Ich glaube, Gott will, daß die Menschen wissen, daß er existiert. Er liebt die Menschen und kam in der Gestalt Jesu Christi als wirklicher Mensch auf die Erde. Es ist bald Weihnachten. Da feiern wir Gläubigen die Ankunft Christi als Kind in Bethlehem. In der ganzen Welt wissen die Gläubigen von dieser großen Tat Gottes und geben ihm die Ehre. Er kam, um für die Sünden aller Menschen zu sterben, die Vergebung wollen. Für mich! Auch für dich!«

Dementschenko, ein begeistertes Mitglied des Komsomols, unterbrach ihn laut: »Ich glaube nicht, daß einer von uns Lust hat, sich das anzuhören, Kameraden. Ich bin bestimmt nicht daran interessiert. Gerede über Weihnachten mag für die Baptisten richtig sein. Aber nicht für Igor! Er liebt seine Zigaretten und seinen Wodka viel zu sehr!«

Ein spöttisches Gelächter antwortete ihm, das plötzlich abbrach, als in der Ferne die leisen Töne eines Signalhorns erklangen. Im selben Augenblick erlosch das Licht. Eilig suchte Iwan den Weg zur Tür. Durch das Fenster schien helles Mondlicht auf den Gang zwischen den Betten. Schweigen herrschte hinter ihm, als er die Treppe hinunterging und draußen auf die Straße trat.

Im ersten Augenblick schlug ihm die Kälte mit solcher Wucht ins Gesicht, daß sein Kopf schmerzte und sich seine Augen mit Tränen füllten. Er schrak vor dem eisigen Wind zurück, der seine Ohren wie Feuer brennen ließ. Er wußte, daß ihm von den dunklen Kasernenfenstern Augen nachstarrten. Der Mond erhellte die Straße und die gegen die Häuser gekehrten Schneewälle. Er versuchte auf die Uhr zu sehen. Es war eine Minute nach zehn.

Er würde sehr viel Zeit zum Beten haben. Zögernd begann er, doch langsam kroch Furcht in ihm hoch. Wie lange würde er es hier draußen aushalten? Was sollte werden, wenn er so kalt wurde, daß er nachgab? Was, wenn er erfror? Würden sie ihn erfrieren lassen? Er versuchte, sich aufs Gebet zu konzentrieren, aber panische Angst schnürte ihm die Brust zusammen. Wie lange würde es dauern, bis man erfror? Würde es schnell gehen? Wie würde es sein, wenn er am Morgen fast erfroren war und man ihn wiederbelebte? Er hatte gehört, daß der Schmerz in den erfrorenen Gliedern schrecklich war. Und wenn die Glieder sogar amputiert werden mußten? Er durfte sich nicht länger mit diesen Gedanken beschäftigen. So fing er wieder zu singen an: »Die Freude am Herrn ist unsere Stärke. Die Freude am Herrn ist unsere Stärke . . .« Plötzlich war es wieder da, dieses Bewußtsein, daß Gott ihm ganz nahe war. Wanja wurde ganz ruhig. Gott hatte ihm heute schon einmal alle Furcht genommen und ihn mit seiner Gegenwart getröstet. Nein, er wollte sich nicht fürchten.

Es war halb eins, als seine Aufmerksamkeit durch das Knirschen von Schritten im Schnee abgelenkt wurde. In lange, dicke Mäntel gehüllt kamen drei Offiziere aus der Kaserne langsam auf ihn zu.

Ihre Stimmen klangen barsch, als sie fragten:

»Nun, Moissejew, haben Sie darüber nachgedacht? Sind Sie bereit, hereinzukommen? Haben Sie genug davon, hier draußen zu stehen?«

Selbst im Mondlicht konnte Iwan erkennen, daß sie ihn mit einer gewissen Besorgnis ansahen. War es denn möglich, daß er noch nicht erfroren war?

»Danke, Genossen Offiziere! Ich würde sehr gern hineingehen und schlafen. Aber ich kann nicht einwilligen, über Gott zu schweigen.«

»Dann wollen Sie die ganze Nacht hier draußen stehen?« Ihre Gesichter zeigten deutlich Furcht.

»Ich würde lieber nicht. Aber ich sehe keine andere Möglichkeit, und Gott wird mir helfen.« Iwan rieb seine Fingerspitzen, während er stramm stand. Seine Stimme zitterte vor Erregung, und seine Hände waren kalt, aber nicht kälter, als sie in der Kaserne gewesen waren, als er sich umzog. Versuchsweise bewegte er die Zehen. Sie ließen sich leicht und ohne Schwierigkeit bewegen. Ein großes Erstaunen bemächtigte sich seiner. Erregt blickte er die Offiziere an und bemerkte, daß sie selbst in ihren dicken Mänteln froren. Sie stampften mit den Füßen und schlugen die Hände gegeneinander und brannten darauf, wieder in die Kaserne zu ihrem elektrischen Ofen zu kommen. In einer weiteren Stunde würde er sich schon anders fühlen, murmelte der älteste Offizier, als sie abzogen. Iwan konnte ein leises Lächeln nicht unterdrükken.

Bald wurde das Gefühl der Erleichterung von einem Gefühl der Niedergeschlagenheit abgelöst. Er war nicht besser als alle anderen jungen Leute in seiner Heimatgemeinde. Er wußte von Predigern, die man verhört, verhaftet und sogar in Konzentrationslager geschickt hatte. Und doch erlebte er immer wieder Gottes unmittelbares Eingreifen. Etwas in ihm wehrte sich dagegen, eine solche Ausnahmestellung einzunehmen. Er wollte nichts Besonderes sein, er verdiente keine Wunder. Er *sollte* jetzt frieren.

Um drei Uhr morgens war er im Stehen ein wenig eingedöst. Seine Bußgebete waren lange beendet. Wieder und wieder hatte er fürbittend aller Gläubigen gedacht, die er kannte. Er hatte Weihnachtslieder gesungen, für jeden Offizier, den er persönlich oder vom Hörensagen kannte, gebetet und für die Männer in seiner Einheit. Doch allmählich glitt er in einen traumhaften Zustand hinüber, so sehr er sich auch zum Gebet zu zwingen suchte.

Plötzlich ließ ihn eine Stimme an seinem Ohr wieder zu sich kommen. Der rangälteste von den diensthabenden Offizieren sagte freundlich:

»In Ordnung, Moissejew, kommen Sie jetzt herein.«

Der Mond war untergegangen, der Wind hatte sich gelegt, und in der Finsternis mußte sich Iwan anstrengen, um das Gesicht des Offiziers erkennen zu können. Dieser schwieg erst, doch plötzlich fragte er leise:

»Was für ein Mensch sind Sie bloß?«

»Bitte?«

»Was für ein Mensch sind Sie, Moissejew, daß die Kälte Ihnen nichts ausmacht?«

Auch Iwan sprach leise: »Genosse, ich bin ein Mensch genau wie Sie. Aber ich habe zu Gott gebetet, er hat dafür gesorgt, daß ich nicht erfror.«

Der Offizier drehte sich um und ging sehr langsam auf die Kaserne zu; er berührte Iwans Arm zum Zeichen, daß er mitkommen sollte. »Erzählen Sie mir von diesem Gott«, sagte er.

Major Gidenko war zutiefst verwirrt. Der Bericht an Oberst Malsin widersprach aller Vernunft. Zwölf Nächte nacheinander hatte Moissejew bei Temperaturen von 25 bis 30 Grad unter Null in einer Sommeruniform draußen gestanden. Es war ganz unmöglich, daß er nicht erfror und um Gnade bettelte. In der letzten Nacht war Gidenko selbst hingegangen, um nach ihm zu sehen. Es stimmte, daß Iwans Gesicht blau war vor Kälte, und vor Erschöpfung hatte er leicht geschwankt. Der Pulverschnee , der vom Wind umhergewirbelt wurde, hatte sein Haar und seine Uniform bestäubt, so daß er einer Statue ähnlich sah. Doch war er ruhig und gelassen und nach vier Stunden nicht so durchfroren wie Gidenko nach fünf Minuten. War es möglich, daß ein junger Mann solche Temperaturen aushalten konnte, ohne sie zu spüren?

Nun, natürlich mußte es möglich sein. Moissejew hatte es zwei Wochen lang bewiesen. Gidenko faßte sich an den Kopf, so etwas hatte er in seiner Dienstzeit noch nicht erlebt. Er konnte in letzter Zeit nicht gut schlafen. Er mußte Malsin und die Polit-Erziehungsstelle informieren. Es war klar, daß die Strafe nicht wirkte. Im ganzen Stützpunkt war Moissejew das Tagesgespräch. Gidenko würde befehlen, daß diese öffentlichen Nachtwachen aufhörten.

6. Fürchte nicht das Gesetz, sondern den Richter

Obwohl die vorgeschriebenen Feldbetten schmal und hart waren, streckte sich Iwan wohlig zwischen den Laken unter der Decke aus und dankte Gott für diesen Luxus. Zum ersten Mal im Jahre 1971 befand er sich in einem Bett. Heute brauchte er nicht stundenlang in der Kälte zu stehen. Es gab keine Verhöre draußen im Schnee und im Offizierszimmer. Er würde nicht den Monduntergang hinter dem winzigen Park am Zentralplatz beobachten.

Iwan war für seine Umwelt ein Fragezeichen. Wie war es möglich, daß er fünf Tage ohne Nahrung aushielt und nicht krank wurde? Wie konnte ein Mensch stundenlang bei eisiger Kälte draußen stehen und nicht erfrieren?

Gregorij Fedorowitsch Tschernych, Iwans Landsmann aus der Moldaurepublik, streckte sich am Abend eines weiteren harten Tages auf seinem Bett aus. Vier Stunden Freizeit im Monat waren zu kostbar, um mit Tagträumen vertan zu werden. Er langte nach Papier und Bleistift, er wollte nach Hause schreiben. Aber er blieb auf dem Rücken liegen und starrte an die Decke.

Vielleicht würde der Politoffizier das ergründen. Einen ganzen Monat lang hatten sie Iwan unbarmherzig verhört, bis Grigorij sich fragte, wie er unter diesem Druck überhaupt noch geistig normal bleiben könne. Für die meisten Männer war das Leben in der Armee eine gnadenlose Feuerprobe. Den ganzen Tag über hielt man sie in Trab, vom Wecken morgens früh um sechs bis zum Zapfenstreich um zehn Uhr abends. Und wenn sie eigentlich alle hätten schlafen sollen, gab es ständig nächtlichen Alarm. Wie sie alle die Sirene fürchteten, die sie in den frühen Morgenstunden aus den Betten riß und sie, noch halb schlafend, in die eisige Nacht hinaustrieb, um einem vorgetäuschten Feindangriff zu begegnen!

Tschernych hatte noch eine Rechnung mit der Armee zu begleichen für das, was beim letzten Nacht-Alarm geschehen war. Der Schnee war so dicht gefallen, daß er den Weg nicht erkennen konnte und in einen offenen Brunnen gefallen war. Er hatte den Wind mit seinem Schreien übertönt und sich an die Wand des Brunnens geklammert, bis ihn ein Kamerad hinausgezogen hatte. Das Wasser war an seinem Valenki gefroren, seine Hose war steif gefroren, und so hatte er, vor Kälte zitternd, das Manöver mitmachen müssen.

Aber sie wurden nicht nur einmal in der Nacht geweckt. Zitternd vor Kälte und Erschöpfung fielen die Männer auf ihre Betten, um eine Stunde später wieder hochgerissen zu werden und die ganze Hölle noch einmal durchzumachen. Grigorij hatte inzwischen den Überblick verloren, aber in seinen ersten

Berichten, die er wütend abgefaßt hatte, um sie seiner Familie beim ersten Urlaub vorzulegen, konnte er nachlesen, daß in jeder zweiten oder dritten Nacht Alarm gegeben wurde. Und dann wurde von den Männern erwartet, daß sie nach nur drei oder vier Stunden Schlaf exerzierten und lernten.

Wie Iwan zusätzlich zum regulären Dienst noch die ständigen Verhöre ertrug, war Grigorij unbegreiflich. Er hatte gesehen, wie man Iwan um die Mahlzeiten, um die Lernzeiten und um den Schlaf brachte. Ob es Tag oder Nacht war, spielte dabei keine Rolle. Während der Nächte blieb Iwans Lager sehr oft leer.

Er steckte wirklich in Schwierigkeiten. Grigorij war nicht der Meinung, daß die Baptisten Staatsfeinde waren. Aber sicher waren sie fanatisch und töricht. Man stritt sich nicht mit der Roten Armee herum. Es war sinnlos anzunehmen, man würde standhalten. Wenn ein Offizier sagte, ein Kohlkopf wäre eine Sonnenblume, dann war es eben eine Sonnenblume!

Vielleicht lief schließlich alles auf die Frage des Gehorsams hinaus. Vielleicht beschäftigte sich deshalb die Polit-Erziehungsstelle so nachdrücklich mit Moissejew. Wo würden sie denn hinkommen, wenn in einem Manöver nur einer den Befehlen nicht gehorchte?

Grigorij streckte sich erneut auf seinem Lager aus, Papier und Bleistift lagen immer noch unbenutzt auf der groben Decke. Von einem Mann in seiner Einheit hatte er gehört, daß der Kommissar, der der ganzen Geheimpolizei auf der Krim vorstand, Oberst Malsin besuchen werde. Es war die Rede davon gewesen, daß Moissejew in ein militärisches Straflager in Swerdlowsk im Ural geschickt werden sollte.

Entschlossen, nicht weiter darüber nachzudenken, verbannte Tschernych dieses Thema aus seinen Gedanken und griff nach dem Bleistift. Das alles hatte nichts mit ihm zu tun. Entschlossen schrieb Tschernych an seine Familie und versuchte dabei, Moissejew und die Baptisten zu vergessen.

Die Landschaft lag noch immer unter einer dichten Schneedecke, als der Sonderzug über die vereisten Schienen ratterte und Felder, Wälder, Seen und Schluchten an der halboffenen Schiebetür vorbeigleiten ließ. Er transportierte Militärstrafgefangene. Holzbänke waren an den Seitenwänden und in der Mitte des Wagens übereinander angebracht, auf denen die Gefangenen saßen oder lagen und schliefen. Einige stritten sich, andere schwatzten miteinander, die meisten aber hingen ihren eigenen bitteren Gedanken nach.

Iwan hielt sich dicht bei der leicht geöffneten Tür. Tief atmete er die kalte Luft ein und kümmerte sich nicht um den Streit, der sich von Zeit zu Zeit darüber erhob, ob man die Tür schließen oder offenlassen solle. Ein tiefer Frieden war in ihm und schien auch das Land zu erfüllen, das traumgleich vor seinen Augen vorbeizog. Der Wächter, ein Soldat von einem Stützpunkt in der Nähe von Moskau, lehnte sich gegen die Wand des Wagens. Sein Gewehr hing ihm lose über dem Arm, sein Kopf nickte im Schlaf.

Iwan dachte darüber nach, wie er versucht hatte, ein wirklich guter Soldat zu sein. Bei den politischen Verhören hatte er Wert darauf gelegt zu erklären, daß die Bibel die Gläubigen lehrt, ihr Heimatland zu lieben, die staatlichen Behörden zu achten und ihnen gegenüber ihre Schuldigkeit zu tun. Sein einziger Erfolg war, daß man ihn mitten in der Nacht aus seiner Schlafkoje zerrte und auf gefrorenen Seitenwegen zum Gefangenenzug nach Swerdlowsk brachte. Das Militärgefängnis lag zweitausend Kilometer östlich in Richtung Sibirien.

Auf ihrem Weg nach Osten hatten sie nun die zentralrussischen Ebenen verlassen, und Iwan beobachtete die in der Dämmerung verschwommenen Umrisse der schneebedeckten Berge. Vor zwei Tagen erst hatte man ihn zum Bezirkskommissar Major Andrej Dolotow aus Simferopol gebracht. Dolotows mandelförmige Augen hatten Iwan düster gemustert. Iwan fand ihn seltsam passiv für einen Offizier in einer so hohen Stellung; er war zurückhaltend und verschlossen; dadurch wirkte sein mächtiger Körper wie eine Mauer. Er sprach gedämpft und ohne jede Gefühlsregung.

Daß Iwan schon zwei Monate in der Roten Armee diente und sich dem Soldatenleben noch nicht angepaßt hatte, schien ihn leicht zu überraschen. Er hatte die Berichte eingesehen. Jede Anstrengung war gemacht worden, um Moissejew einzugliedern. Man hatte ihm Gelegenheit gegeben, seine Ansichten zu ändern, sich politisch zu bessern, aber er hatte die Mitarbeit verweigert. Seine Akte enthielt Beschwerden aus Odessa, von der Polit-Erziehungsstelle in Kertsch, von Offizieren und Soldaten seiner Einheit. Das Problem bestand darin, daß Moissejew seine subversiven Ideen unter den anderen Männern verbreitete, so daß sie von dieser unerwünschten Ideologie angesteckt wurden. Und dies geschah gegen das ausdrückliche Redeverbot der Politoffiziere. Dolotow war neugierig, warum Moissejew nicht gehorchen wollte.

Seine Stimme war so ruhig, daß Iwan im unklaren war, ob er schon am Ende war, und einen Augenblick zögerte. Es herrschte eine bedrückende Schwüle im Raum, die das Denken schwer machte. Iwan hatte das Gefühl, daß er Luft brauchte. Er zwang sich, kurz zu beten und einen tiefen Atemzug zu tun. Sein Kopf wurde klarer, als er sich an Dolotow wandte:

»Genosse Kommissar, die Bibel lehrt die Gläubigen, der Obrigkeit zu gehorchen, die über sie gesetzt ist. Und es ist mein großer Wunsch, dies auch zu tun. Aber die Bibel lehrt auch, daß unser höchster Herr Gott ist. Er verlangt von uns völligen Gehorsam und Unterwerfung. Ich flehe Sie an: Verstehen Sie, daß ich sowohl dem Staat wie auch Gott treu sein muß. Wenn mir etwas befohlen würde, was mich zum Ungehorsam gegen Gott verleitete, dann müßte ich meine Treue Gott gegenüber an die erste Stelle setzen.«

Eine unheildrohende Veränderung kam über das Gesicht des Kommissars; er schien zu überlegen, bevor er sprach.

»Sie stehen völlig unter dem Einfluß dieser baptistischen Ideen. Nun gut – vielleicht hilft es Ihnen, den Ernst Ihrer Lage zu begreifen, wenn Sie einmal ein wirkliches Gefängnis kennenlernen. Das wird vermutlich wirksamer sein als alle Umerziehungsprogramme in Kertsch. Dann werden wir ja sehen, ob Sie Ihren Sinn nicht ändern.«

Warum der Kommissar einen so weit entfernten Ort gewählt hatte, konnte Iwan nicht erraten. Es gab in der Nähe am Schwarzen Meer Gefängnisse. Vielleicht waren die Strapazen einer langen Reise in der Winterkälte ein Teil seines Plans.

Iwan atmete tief. Die Luft, die in den Wagen strömte, hatte sich geändert. Sie war schwerer geworden und hatte chemische Beimischungen. Hinten im Waggon entstand eine Bewegung. Die Leute suchten ihre Habseligkeiten zusammen. Ein alter Mann zog ein Seil aus dem Inneren einer zerlumpten Decke hervor und band die Decke flink zu einem Bündel zusammen. Ein stämmiger Kosack leerte die Pfanne mit geschmolzenem Schnee, die auf dem Fußboden vor dem Heizgerät schaukelte. Ein unrasierter Feldwebel fluchte, als der Zug plötzlich schlingerte. In der Ferne konnte Iwan schwach einen Wald von Schornsteinen sehen, die schwarze Rauchwolken ausstießen.

Der alte Mann beugte sich hinter Iwan aus der Tür und spähte in Fahrtrichtung hinaus.

»Swerdlowsk, die Stadt am Gebirgskamm.« Seiner Sprache nach stammte er aus Odessa. »Arbeiter und Soldat. Dort werde ich beides sein, und du auch, Kamerad.«

Der Wächter, der jetzt aus seinem Schlummer erwacht war, stieß den Alten von der Tür und stellte sich wortlos neben Iwan.

Der Zug begann zu bremsen und ratterte über die Weichen. Die Männer drängten sich so dicht wie möglich an die offene Tür und strengten ihre Augen an, um die Stadt zu erkennen; sie warteten begierig auf das Ende der langweiligen Reise. Ein blasser Stern schimmerte über ein paar Fichten neben den Gleisen. Iwan sah sein tröstliches Licht. Bewegt erinnerte er sich an einen Bibelvers, den sein Vater liebte: »Und diejenigen, die Einsicht haben, werden leuchten wie des Himmels Glanz, und die viele zur Gerechtigkeit geleitet haben, wie die Sterne in alle Ewigkeit.«

7. Er entrinnt dem Bären, um unter die Wölfe zu fallen

Seine Zelle war sehr klein und kalt und hatte kein Licht. Als sich seine Augen an die Dunkelheit gewöhnt hatten, konnte er an einer Wand eine Pritsche erkennen. Die Zelle war so schmal, daß er mit ausgestreckten Armen beide Wände berühren konnte. In der Zellentür war ziemlich oben ein kleines Fenster angebracht, durch das die Wächter nachts mit Taschenlampen hereinleuchteten. Seine Knochen schmerzten vom Herumliegen. Mühsam zog er seine Stiefel aus und stemmte seine bestrumpften Füße gegen die feuchte Zementwand. Nach dem tagelangen Schaukeln des Zuges, dem Geräusch der Räder und dem Stimmengesumm im Waggon kam ihm die Zelle mit ihrer tödlichen Stille wie ein Grab vor. Seine Erschöpfung wurde durch keinen Schlaf gelindert.

Der Raum für Verhöre befand sich in einem Fachwerkhaus dicht bei Iwans Zellenblock. Es war ein geräumiges Zimmer mit durchhängenden Holzdielen und einem gestrichenen Heizkörper, der an einer Wand des Raums entlanglief. Einige Töpfe mit Farnkraut schmückten ein paar hölzerne Stufen, die zu einer kleinen Plattform am einen Ende des Zimmers führten, auf der ein Bild von Lenin aufgestellt war. Iwan erriet, daß der Raum auch für kulturelle Veranstaltungen benutzt wurde.

Ein Gefängnisoffizier saß hinter dem Konferenztisch. Vier Männer in Zivil saßen an einem anderen Tisch in der Nähe. Der Offizier führte das Wort. In seiner Hand befand sich Iwans Akte, die er Schriftstück um Schriftstück durchblätterte.

Es sei lobenswert, daß Moissejew den Treueeid bei der Roten Armee geleistet habe. Oft weigerten sich Baptisten, ihn abzulegen. Moissejew habe gut angefangen, sich dann aber schnell als Agitator entpuppt, der jede Zurechtweisung ablehne, entschlossen an seinen alten Glaubensvorstellungen festhalte und die sozialistischen Lehren verwerfe. Ja, er suche auch andere von seinen Anschauungen zu überzeugen. Damit sei seine Treue zur Roten Armee ernstlich in Frage gestellt, und seine Haltung den Vorgesetzten gegenüber spotte allen militärischen Gepflogenheiten. Obwohl sich seine Vorgesetzten ausgiebig um seine Umerziehung bemüht hätten, habe Moissejew diesen Beistand verschmäht und einen Zwischenfall nach dem anderen hervorgerufen. Daß ihm diese zahlreichen Gelegenheiten gegeben worden waren, seine Anschauungen zu ändern, sei ein Beweis für das milde Vorgehen der Sowjetunion. Zweifellos lag schon viel Beweismaterial gegen ihn vor. Wußte er, daß er vor Gericht gestellt und zu sieben Jahren Gefängnis verurteilt werden konnte? Man brauchte nur Artikel 142 aus dem Strafgesetzbuch anzuwenden; denn er hatte offen zugegeben, Mitglied einer illegalen baptistischen Gruppe zu sein. Man konnte auch Artikel 181 und 182 gegen ihn anführen, daß er falsche Aussagen gemacht habe. Es sei erwiesen, daß viele seiner Angaben auf Lügen beruhten und daß er mehrmals Meineid geleistet habe. Artikel 190, Paragraph 1, war hier von Bedeutung. In seinen Briefen habe er falsche Behauptungen über den Sowjetstaat und die Rote Armee verbreitet. Die Briefe an seine Familie lagen kopiert bei den Akten und lieferten genügend Beweise. Wenn man noch Artikel 58, Paragraph 10, über antisowjetische Propaganda hinzunahm, war seine Lage wirklich ernst. Er befand sich schon im Gefängnis, doch wurde ihm noch einmal die Gelegenheit geboten, sich hier in Swerdlowsk einer Umerziehung zu unterziehen. Wenn er sich weigerte, mitzumachen, würden überzeugendere Maßnahmen angeordnet.

Iwan sprach langsam. Er konzentrierte sich auf seine Worte:

»Ich habe nie gegen den Sowjetstaat gehandelt. Ich hatte nur den Wunsch, still meine Arbeit in der Armee zu tun und gleichzeitig Gott anzubeten und zu preisen. Was die Zwischenfälle angeht, so hat sie das Militär verursacht, nicht ich. Was die sieben Jahre betrifft, zu denen ich verurteilt werden kann, so will ich sie auf mich nehmen, wenn es Gottes Wille ist. Wenn nicht, dann werde ich bereits morgen zu meiner Einheit zurückgeschickt, dessen bin ich gewiß.«

Die neue Zelle, in die Iwan anschließend gebracht wurde, war eine winzige Kammer, einem Käfig nicht unähnlich, und maß vier Fuß im Quadrat. Eine kleine Bank, wie sie Schulanfänger haben, nahm den meisten Raum ein. Wie die erste Zelle war auch diese kalt und dunkel. Zwei Tage lang hockte Iwan auf der Bank, die Zeit umhüllte ihn wie ein dunkles Tuch. Eine Unterbrechung gab es nur, wenn jemand Brot und dünnen Kaffee hereinreichte und den Kübel hinaustrug.

Hier erlebte er es, daß er, nachdem er in erstickender Angst aus dem Schlaf erwacht war, die Gegenwart Christi so stark und beruhigend empfand, daß er vor Freude weinte. Auch die heftigen Schmerzen in seinen zusammengekrümmten, ersterbenden Gliedmaßen ließen nach.

Seine Muskeln schmerzten entsetzlich, als er schließlich aus der Zelle hinausgezerrt wurde und aufrecht im blendenden Licht des Flurs stand. Ein Aufseher schob ihn mit dem Lauf seiner Maschinenpistole vor sich her, hinaus in eisige Kälte zum Verhör. Derselbe Offizier wie beim ersten Mal stand neben dem Tisch, seine Hand spielte mit einer Hundepeitsche, die er in seinen Gürtel gesteckt hatte.

»Sie sind aus Ihrem Loch hervorgekommen und atmen gute sozialistische Luft! Offensichtlich haben Sie die Zeit dieser beiden Tage nicht dazu benutzt, um Gnade zu bitten. Immerhin werden Sie nachgedacht haben. Vielleicht sind Sie jetzt bereit, die Binde von Ihren Augen abzunehmen und in die wirkliche Sowjetwelt einzutreten.«

Iwan fühlte, wie seine Augen in dem bleichen Sonnenlicht brannten. Müde suchte er nach Worten:

»Es gibt einen Bibelvers, der sagt, daß das Leben der Gläubigen mit Christus in Gott verborgen ist. Das ist die wirkliche Welt, und in ihr lebe ich.«

Bei dieser Antwort starrte der Offizier eine ganze Weile sprachlos vor sich hin. Er griff nach der Peitsche und schlug damit auf den Konferenztisch. Wieder und wieder schlug er zu, als wenn er ein Tier verprügelte, dabei wichen seine Augen keinen Moment von Iwans Gesicht.

Als Kind hatte Iwan einmal gesehen, wie ein betrunkener Arbeiter einen Ochsen schlug. Das Tier stand in einem Verschlag, war angebunden und konnte nicht entkommen. Blut war an seinen Beinen heruntergelaufen und in den Schmutz getropft, während die Peitsche das nackte Fleisch bloßlegte. Bei dieser Erinnerung ging in Iwan eine Veränderung vor, die ihn erschreckte.

»Dies ist die wirkliche Welt!« schrie der Offizier und näherte sich Iwan mit der Peitsche in der zitternden Hand. »Du bildest dir ein, daß Gott dich vor dem schützen kann, was auf dich wartet? Wir werden sehen, wie du dich fühlst, wenn dein Gott dich nicht vor der Wirklichkeit rettet, die ich für dich bestimme!«

Im nächsten Augenblick versteifte sich Iwan, er rechnete mit der Peitsche. Aber der Offizier machte auf dem Absatz kehrt. Seine Schritte knallten wie Gewehrkugeln. Zwei Aufseher erschienen und schoben Iwan vor sich her zum Gefängnis.

Iwan zögerte entsetzt, als der eine Aufseher die kleine Tür vor ihm öffnete. »Rein mit dir!« Er preßte den Gewehrlauf in Iwans Rücken und stieß ihn in die winzige Zelle. Im selben Augenblick wurde die Tür zugeschlagen und von außen verriegelt.

Wasser spritzte über seine Stiefel. Es lief an den Wänden herunter. Ein trübes Licht brannte an der niedrigen Decke und wurde zum Teil von einem Gewirr eisbedeckter Rohre verdeckt. Wasser tropfte aus jedem Rohr, spritzte aus den Verbindungen und sammelte sich träge in einem eisbedeckten Abflußgraben in einer Ecke der Zelle. Iwan sah sofort, daß es unmöglich war, irgendwo außerhalb des tropfenden Eiswassers zu stehen. Es durchnäßte seinen Mantel und lief ihm den Nacken hinunter, als er sich zusammenkrümmte.

Nach einigen Minuten begann er heftig zu zittern. »Sei mir gnädig, o Gott«, betete er. »Sei mir gnädig, denn meine Seele nimmt ihre Zuflucht zu dir. Und im Schatten deiner Flügel werde ich geborgen sein, bis die Bedrängnis vorüber ist. Ich will zu Gott, dem Allerhöchsten rufen, der alle Dinge für mich vollbringt. Er wird mir vom Himmel aus Hilfe schicken und mich erretten.«

Bestürzt sah er durch den Wasservorhang in die unbeweglichen Augen eines Aufsehers, der ihn durch das Guckloch in der Tür beobachtete.

»Alle meine Wege sind bei dir aufgezeichnet«, sprach er mit bebenden Lippen. »Meine Tränen hast du gesammelt; ist nicht alles in deinem Buch aufgeschrieben? Am Tage, da ich zu dir rufe, werden meine Feinde zurückweichen; das weiß ich: Gott ist für mich.«

Iwan fand heraus, daß er dem Wasser etwas weniger preisgegeben war, wenn er sich in eine Ecke preßte und seinen Rücken dem Wasserfall darbot. Wieder und wieder sagte er sich Psalmworte vor, und die Worte hallten ihm von den Wänden wider. Trotz dieser Trostworte, die er ununterbrochen hinausschrie, war er nur von dem einen Gedanken erfüllt, wie er dieser Folter entkommen könne. Aber es gab kein Entkommen.

Mit der Zeit hörte das wahnsinnige Zittern und Zähneklappen auf und verwandelte sich in einen furchtbaren Schmerz, der von jedem Gelenk seines Körpers ausging und sich auf Rücken und Kopf ausdehnte. Seine Füße, die in den durchnäßten Stiefeln steckten, hatten Todesqualen auszuhalten, die ihn auf den Boden der Zelle niederzwangen. Während er in Eis und Wasser kniete, ergriff die Vorstellung von ihm Besitz, er befände sich in einer orthodoxen Kathedrale, viele Leute wären zum Gottesdienst erschienen, und herrliche Musik und Lobgesänge erfüllten die Kathedrale. Der Gottesdienst dauerte lange, sehr lange.

Diesmal fand das Verhör im Gefängnisgebäude statt, in einem großen gemauerten Raum, in dem ein Feuer neben dem Schreibtisch brannte. Iwan lag auf einer Pritsche ganz am Ende des Raums und fern vom Kamin; ein elektrisches Öfchen glühte auf dem Fußboden neben ihm. Er hatte keine Ahnung, wie oder wann er hierher gebracht worden war. Als er zu sich kam, nahm er den Geruch von versengtem Tuch wahr. Steif richtete er sich auf. Er erblickte ein hohes, vergittertes Fenster, trockene Wände und ein paar Gefängnisoffiziere um den Kamin, ehe er müde zurückfiel. Ein Aufseher, der hinter ihm stand, riß ihn hoch und verfluchte dabei das schwere Gewicht seines Körpers.

Es schien unwichtig, was der Offizier sagte, aber Iwan bemühte sich trotzdem zuzuhören. Er fühlte sich sehr krank.

». . . Sie werden Ihre Kaffee- und Brotration erhalten. Wir sind entschlossen, Sie als echten Sowjetsoldaten zu Ihrer Einheit nach Kertsch zurückzuschicken. Dies ist ein Befehl! Sie sind sehr eigensinnig gewesen, Moissejew, aber ich denke, wir haben Ihnen bewiesen, daß Sie damit nicht durchkommen. Sobald Sie uns mitteilen, daß Sie Ihren Sinn ändern wollen, werden wir Sie aus dem Gefängnis entlassen. Wir werden dafür sorgen, daß Sie Ihre militärische Ausbildung wieder aufnehmen, wie es Ihre Pflicht der Sowjetunion gegenüber ist.«

Ein Becher mit dünnem Kaffee wurde neben Iwans Pritsche hingestellt, ein dünner Blechteller mit Brot war als Deckel darübergestülpt.

»Wir haben einige Papiere hier, Moissejew, die Sie sicher unterschreiben möchten«, fuhr der Offizier fort. »Sie bestätigen damit, daß sie mit Oberst Malsin zusammenarbeiten wollen, der der Kommandeur Ihrer Einheit in Kertsch ist. Sie versprechen darin auch vollkommenen Gehorsam gegenüber jedem Befehl eines jeden Offiziers aus irgendeiner Abteilung für die Dauer Ihres Dienstes in der Roten Armee. Wenn Sie mit Essen fertig sind, brauche ich nur noch Ihre Unterschrift, um alles für Ihre Entlassung in die Wege zu leiten.«

In den folgenden Tagen sollte Iwan noch tiefer in die grauenhafte Welt des Gefängnisses eindringen.

»Man schickt dich in den ›Raum der Erfrorenen‹«, flüsterte ihm ein alter Aufseher zu. »Gib nach! Du wirst nicht mit dem Leben davonkommen.«

Wie viele Stunden konnte er in einer Gefrierzelle überleben? fragte sich Iwan. Schneekristalle bedeckten die Zellenwände und die Decke seines neuen Gefängnisses. Während die Zeit verstrich, stieg seine Angst. Die Schmerzen begannen wieder, und immer noch blieb die Tür verschlossen. Die weißen Zellenwände schienen zu leuchten. Schriftverse, die er auswendig kannte, die Erinnerung an Zuhause und das Wissen um die ewige Heimat, in die er gehen würde, beruhigten ihn schließlich. Allmählich ließen Furcht und Schmerzen nach, und er döste ein. Von tiefer Dankbarkeit erfüllt, legte er sich auf das Eis des Zellenbodens.

Anfangs hatte er gedacht, das Drücken und Quetschen sei ein Traum. Er wäre ein Kosmonaut, der in den eisigen Weltraum triebe. Doch der Druckanzug war Wirklichkeit, und was man ihm in die Ohren schrie, brachte ihn unangenehm ins Bewußtsein zurück:

»Wollen Sie jetzt nachgeben? Werden Sie Ihren Glauben ändern?«

Er war am Ersticken, er konnte nicht atmen. Aber er erinnerte sich an den Bibelvers: »Denn er wird seinen Engeln befehlen, über dir zu wachen auf allen deinen Wegen.« Wenn ich explodiere, werde ich mich im Himmel wiederfinden.

Der Druck verstärkte sich. Iwan versuchte, den Anzug zu lockern, da hörte er wieder die laute Stimme des Offiziers:

»Werden Sie Ihren Glauben ändern? Dann werden wir mit dem Druck aufhören. Ändern Sie sich, oder Sie werden sieben Jahre hier bleiben!«

Er war nicht sicher, ob sie seine Worte überhaupt hören konnten. Mit gewaltiger Anstrengung keuchte er:

»Wenn es Gottes Wille ist, will ich hier bleiben. Wenn nicht, bin ich morgen weg . . .«

Der Gefängnisoffizier zerdrückte die leere Packung und warf sie in den Papierkorb. In den Schubladen suchte er nach weiteren Zigaretten. Dann zündete er eine an und inhalierte konzentriert. Er hatte keine weiteren Instruktionen, wie er vorgehen sollte. Als Soldat sollte Moissejew angeklagt und vor ein Militärgericht gestellt werden. Es war natürlich möglich, ihn auf unbegrenzte Zeit in Swerdlowsk zu behalten, aber er hatte keine entsprechenden Befehle. Die Gefängnisleitung hatte ihre Schuldigkeit getan. Zwölf Tage lang war Moissejew schärfsten Verhören und Foltern ausgesetzt gewesen. Mehr konnte er nicht tun. Moissejew konnte nach Kertsch zurückkehren. Er würde eine lange, unangenehme Bahnfahrt nach Kertsch haben, auf der er sich erholen und über seine Zukunft nachdenken konnte. Die Offiziere in Kertsch oder Odessa sollten sich den Kopf darüber zerbrechen, was sie mit ihm anfangen wollten. Sie konnten sich nicht beklagen, daß die Foltern in Swerdlowsk nicht mit aller Strenge angewendet worden wären. Swerdlowsk konnte seine Hände in Unschuld waschen, was Moissejew anging.

8. Du teiltest dein Brot mit mir und gabst mir damit ganz Rußland zurück

Das Ende des Winters war in Kertsch ungewöhnlich mild. Am frühen Morgen segelten noch immer einige Schneeflocken durch die Luft, aber die Rekruten empfanden die wärmeren Temperaturen beim Training doch als Erleichterung.

Der Politoffizier hatte Iwan davor gewarnt, irgend etwas über seine Behandlung in Swerdlowsk verlauten zu lassen. Iwan kam gar nicht in Versuchung. Er mußte jede Minute benutzen, um die militärische und politische Ausbildung seiner Einheit nachzuholen. Außerdem beanspruchte ihn Oberst Malsin als Fahrer und rief ihn zu diesem Dienst zu ganz unregelmäßigen Zeiten. Nur wenn Iwan mit den anderen Rekruten im Klassenzimmer beim Unterricht saß, schien sein Leben friedlich über die Bühne zu gehen.

Von den Schrecken, die er in Swerdlowsk erlebt hatte, erzählte er nur einmal, und zwar Sergej, als sie leise murmelnd über ein Schachbrett gebeugt saßen. Das Spiel war nur Vorwand, um Bibelverse und -worte der Ermutigung auszutauschen.

Als der Frühling ins Land zog, bemerkte Iwan, daß sich etwas Wunderbares in ihm zutrug. Selbst an Tagen, an denen eine Gebetszeit unmöglich war, spürte er in wachsendem Maße die Gegenwart Gottes. Die Liebe brannte in ihm wie eine Kerze vor der Ikone. Er war erstaunt, daß keine ihm zugefügte Ungerechtigkeit sie zum Flackern bringen konnte. Selbst heute abend, als er zur Vorlesung über wissenschaftlichen Atheismus eilte, fühlte er keine Unruhe. Er war müde, seine Muskeln schmerzten. Doch sein Herz war vom Lobpreis Gottes erfüllt.

Es war gar nicht nötig gewesen, sich so zu beeilen. Die Soldaten drängten sich im Unterrichtsraum um einen glühenden elektrischen Ofen und machten ihre Witze. Iwan setzte sich und legte den Kopf auf seinen Arm. Sein Banknachbar Wladimir Albu bemerkte ihn und war nicht überrascht, daß er selbst bei diesem Lärm schlafen konnte. Die Wanduhr zeigte bereits einige Minuten über die Zeit, doch der Lehrer war noch immer nicht da.

Die Männer begannen langsam ihre Plätze einzunehmen. Nur ungern verließen sie die Wärme des Ofens, sie wollten aber auf ihren Plätzen sein, falls schließlich doch noch ein Offizier kommen sollte. Doch die Zeit rückte vor. Plötzlich hatte Wladimir eine Idee:

»Wir können ja selbst die Stunde halten«, rief er. »Was würdet ihr zu einer politischen Debatte sagen?«

Die anderen waren nicht dagegen. Damit würde man wenigstens die Zeit totschlagen. Niemand wagte ohne den Befehl eines Vorgesetzten das Klassenzimmer zu verlassen.

»Unser Kamerad Iwan Wassiljewitsch hat sich gelegentlich gegen die in diesem Unterricht vorgetragenen Ideen ausgesprochen. Doch haben wir noch nicht gehört, daß er seine Meinung richtig begründet hätte. Wir werden über die Frage debattieren: Was für ein Unterschied besteht zwischen Iwans Gott und unserem Gott (von dem er behauptet, es sei der Staat)?«

Iwan hatte gerade gebetet. Innerlich stimmte er der Debatte zu. Einige der Männer zogen ihre Zigaretten heraus und drehten ihm ihre Stühle zu. Es herrschte plötzlich gespannte Aufmerksamkeit im Unterrichtsraum.

Wladimir brachte die Sache in Gang: »Also, Iwan, wer ist dein Gott?«

Iwans Freude über die Gelegenheit, seiner Klasse eine Predigt halten zu können, war von kurzer Dauer. »Mein Gott«, begann er, »ist allmächtig . . .«

In der Mitte des Zimmers hustete ein armenischer Feldwebel und stampfte ungeduldig auf den Fußboden. Er stöhnte ärgerlich: »Einen Augenblick, Moissejew! Dein Gott ist allmächtig?«

»Ja.«

»Er kann alles tun?«

»Ja.«

Die plötzliche Herausforderung in den Augen des Feldwebels war unverkennbar.

»Wenn dein Gott allmächtig ist und alles tun kann, beweise es doch!«

Ein zustimmendes Gemurmel kam aus allen Ecken des Zimmers. Iwans sonderbares Leben hatte manchen innerlich aufgewühlt.

»Wenn dein Gott alles tun kann«, reizte der Feldwebel weiter, »dann soll er mir morgen Urlaub verschaffen, damit ich nach Hause fahren kann. Dann will ich an ihn glauben.«

»Das ist ein fairer Vorschlag!« rief Wladimir. Urlaub gab es sehr selten. An einer solchen Herausforderung war nichts Geheimnisvolles, und sie würde beweiskräftig sein.

Schnell erfolgte allgemeine Zustimmung.

»Ja, Iwan Wassiljewitsch! Ich habe dir zugehört. Bis jetzt hast du nichts als Märchen erzählt. Aber wenn dein Gott Pjotr Alexandrowitch Prochorow Urlaub verschafft, dann wollen wir glauben, daß es einen Gott im Weltraum gibt.«

»Richtig! Wenn dein Gott das tut, wollen wir glauben, daß er ein lebendiger Gott ist und alles tun kann.«

»Jawohl! Dein Gott soll seine Existenz beweisen. Dann wollen wir an ihn glauben.«

Iwan blickte auf die erregten Männer und betete in seinem Inneren. Die Soldaten warteten. Sie beobachteten Iwan und sahen den Kampf, der sich auf seinem Gesicht spiegelte.

Herr, betete er, kann dies von dir kommen? Wirst du dich durch Menschen versuchen lassen? Ist es richtig, was sie verlangen, Herr?

»Los, Iwan Wassiljewitsch! Wir wollen einen Beweis, daß dein Gott lebt!« Der Feldwebel rutschte unbehaglich auf seinem Stuhl hin und her. Irgendwie wurde seine Herausforderung zu ernst genommen. Das konnte unangenehme Folgen haben, nicht nur für Iwan, wenn der sich blamierte.

Iwan dachte an den Bericht des Alten Testaments über die Auseinandersetzung zwischen Elias und den Propheten des Baal. Mit neugewonnener innerer Ruhe bat er um Führung. Und unmißverständlich senkten sich die Worte in sein Bewußtsein: »Sage ihnen, ich werde tun, was sie verlangen.«

Alle starrten Iwan an, als er nun antwortete. Seine Stimme drückte eine Sicherheit aus, die die Männer erstaunte. Er wandte sich an den Feldwebel und sprach deutlich genug, daß ihn jeder leicht verstehen konnte:

»Morgen wirst du auf Urlaub nach Hause fahren. Nun mußt du tun, was ich dir sage: Wirf deine Zigarette weg!«

Der Feldwebel gehorchte. »Und nun zieh auch die Packung aus deiner Tasche!«

Prochorow holte seine Zigarettenpackung hervor. Er ging langsam zu dem elektrischen Ofen und ließ das Päckchen auf den rotglühenden Rost fallen. Im nächsten Augenblick flammte es auf und verbrannte mit heller Flamme.

Erst jetzt bemerkte Iwan, daß sich eine große Menge Soldaten an den beiden Eingangstüren zum Klassenzimmer versammelt und sich längs der Wand aufgestellt hatte. Stille erfüllte den Raum. Endlich wurde der Bann gebrochen, als mehrere atemlose Offiziere eintrafen. Der Unterricht begann.

Erst nach dem Zapfenstreich konnte Iwan wieder mit dem Feldwebel sprechen. Er fand ihn schlaflos auf seinem Feldbett liegen und auf das Stück Sternenhimmel starren, den er durch das nahegelegene Fenster sehen konnte. Die Sicherheit, mit der Iwan ihm geantwortet hatte, hatte ihn aus der Fassung gebracht. Den ganzen Abend hatte er an nichts anderes denken können. Es war absurd, und doch entdeckte er, daß er erregt war. Halb glaubte er schon, daß am nächsten Morgen etwas geschehen würde.

»Ich muß mit dir über vieles sprechen, Kamerad«, flüsterte Iwan.

Prochorow richtete sich auf einem Ellbogen auf und zog die Decke über die Schulter.

»Warum schläfst du nicht, Moissejew?«

Iwan lächelte. »Weil ich über vieles mit dir sprechen muß. Morgen wirst du ja gläubig werden, und deshalb ist da noch vieles, was ich dir sagen muß.«

»Du bist verrückt, Moissejew. Warum gehst du nicht ins Bett zurück? Du wirst frieren.«

Pjotr Prochorow wurde nervös. Die Geschichte, wie Moissejew in der eisigen Dezembernacht bei Temperaturen über 25 Grad draußen gestanden hatte, durchzuckte sein Gehirn. Es beruhigte ihn etwas, als er sah, wie Iwan seine Wolldecke um sich wickelte, bevor er sich auf das Ende von Prochorows Pritsche kauerte.

»Du sagtest, du würdest glauben, wenn Gott dir morgen früh Urlaub gibt?«

»Natürlich. Viele von uns haben das gesagt.«

»Deshalb muß ich dir sagen, was die Bibel uns lehrt. Du mußt ja wissen, was du glauben willst!«

Unbehagen, Neugier und ein tieferes Verlangen stritten in Prochorow, als ihm Iwan die Heilswahrheiten der Bibel vortrug. Nie zuvor hatte er gehört, daß jemand ähnliche Gedanken und mit solcher Überzeugung aussprach. Danach war die Lehre der Bibel ja meilenweit entfernt von den seltsamen Ikonen, die er in Museen besichtigt, oder den komischen Geschichten, die man ihm als christliche Überlieferung hingestellt hatte. War es möglich, daß die Leere, die er in sich fühlte und als unabwendbar akzeptiert hatte, Sehnsucht nach Gott war, wie Moissejew sagte? Wenn Gott existierte . . .!

»Gibt es ein Gebetshaus in deiner Heimatstadt?«

Der Feldwebel war amüsiert. »Du meinst, für alte Frauen? Ich glaube nicht.«

»Es sind nicht nur alte Frauen, die hingehen. Auch viele Männer! Und viele junge Leute! Sie werden dir helfen können. Ich kann für dich Namen von Gläubigen in deiner Stadt herausfinden, aber es wird etwas dauern. Die Brüder in Kertsch werden es wissen.«

»Gibt es wirklich Leute in Kertsch, die dasselbe glauben wie du? Und auch in meiner Stadt?«

Iwan lachte. »Natürlich! Und wie werden sie sich freuen, wenn du ihnen erzählst, was der Herr getan hat. Wie werden sie ihn preisen! Und wie werden sie dich willkommen heißen!«

Prochorow wurde nun wirklich unbehaglich zumute.

»In den Versammlungen der Gläubigen werden einige sein, die noch Bibeln besitzen. Wenigstens wird einer der Prediger eine Bibel haben. Wahrscheinlich die meisten. Irgend jemand wird dir die Bibel leihen, damit du sie lesen kannst, und wird dir auch sagen, wo du anfangen sollst. Es tut mir leid, daß ich dir keine Bibel leihen kann. Für den Augenblick wirst du glauben müssen, daß das wahr ist, was ich dir sage. Ich möchte dir soviel wie möglich von dem sagen, was die Bibel berichtet. Wir müssen über die Welt und den Menschen und die Sünde und Gottes Plan für die Erlösung der Menschen sprechen.«

Die Nacht rückte weiter, als aus dem geflüsterten Monolog eine leise Unterhaltung wurde. Zwei Stunden vor dem Wecken stand Prochorow auf und streckte sich schweigend, als Iwan gerade ein Gebet beendet hatte. »Moissejew, mein Kopf schwirrt von so viel Gedanken, daß ich nicht schlafen kann. Aber danke, Kamerad! Der Morgen kommt.«

Beim Klang des Horns erwachte Iwan sofort voll freudiger Erwartung. Es würde ein herrlicher Tag werden. Er war sogar begierig auf die morgendliche Tortur des Langstreckenlaufs. Vielleicht würde er Sergej treffen und ihm von Prochorow und dem Versprechen des Herrn erzählen können. Doch unerwarteterweise fiel diese Morgenübung für Iwan aus.

Die Brotlieferung am Vorabend war ausgeblieben. Iwan mußte nach Kertsch fahren und das Brot holen, das man zum Frühstück brauchte. Er kletterte in die Kabine des kleinen Lastwagens und sang, als er den Zündschlüssel drehte.

Als er fast eine Stunde später zum Standort zurückkam, war er überrascht, einen kleinen Menschenauflauf bei der Garage zu sehen, in der die Lastwagen abgestellt wurden. Neugierig sprang er vom Wagen hinunter und lief auf die Soldaten zu. Es waren Männer aus seiner Einheit.

Erregte Rufe drangen durch die Luft.

»Iwan Wassiljewitsch! Kamerad Prochorow hat Urlaub bekommen! Prochorow ist fort! Wir haben hier gewartet, um es dir zu erzählen.«

Die Soldaten umringten Iwan.

Ein General oder ein Oberst hatte vom Hauptquartier in Odessa in ihrem Standort angerufen und den Befehl gegeben, daß Prochorow sofort Heimaturlaub bekommen sollte. Zehn Minuten nach dem Anruf war dieser schon aufgebrochen, er war gelaufen und gehüpft wie ein Verrückter und hinten auf einen Postwagen aufgesprungen, der gerade zum Zug abfuhr.

Wladimir drängte sich nach vorn und ergriff Wanjas Arm. »Die Offiziere kamen heraus, als sie uns alle lachen und schreien sahen«, erklärte er dem staunenden Wanja. »Wir erzählten ihnen, was am Abend beim politischen

Unterricht geschehen war. Du hättest ihre Gesichter sehen sollen, als wir sagten, alles sei so gekommen, wie du es gesagt hättest, Wanja! Auch Major Gidenko kam heraus, um zu sehen, was los war. Als er die Geschichte hörte, schickte er sofort einige Leute zum Zug, um Prochorow wieder zurückzuholen. So schnell sie konnten, fuhren sie los. Doch als sie zum Bahnhof kamen, sahen sie nur noch das Ende des Zugs in der Ferne verschwinden. Prochorow war fort!«

Major Gidenko beobachtete die Szene bei Moissejews Rückkehr am offenen Fenster durch ein Fernglas. Es war gut, daß er befohlen hatte, Moissejew sofort zu ihm zu bringen. Mit Befriedigung beobachtete er, wie Iwan von den aufgeregten Männern fortgezerrt wurde und sich die Soldaten auf dem Weg an ihre Arbeit zerstreuten.

Gidenko hatte angenommen, daß Moissejew nach den Erfahrungen in Swerdlowsk Ruhe geben würde. Er hatte einen Bericht an Kommissar Dolotow in Simferopol gesandt mit der Versicherung, daß sie die Sache jetzt in der Hand hätten. Und nun diese neue Pleite! Moissejew hatte eine Art Berühmtheit in seiner Einheit erlangt. Er war allgemein beliebt, er war auch ein guter Soldat, und die Männer interessierten sich für ihn und seinen Glauben!

Es war unmöglich, eine Einheit militärisch und politisch wirksam auszubilden, wenn es weiter solche Zwischenfälle gab. Moissejew war aber auch ein mysteriöser Fall. Oberst Malsin, der Kommissar Dolotow vertrat, hatte Gidenko nahegelegt, der Sache entweder auf den Grund zu gehen, oder Moissejew in eine andere Einheit verlegen zu lassen, wo er unbekannt war.

Hinter der gegenwärtigen Situation war weit mehr verborgen, als es den Augenschein hatte. Moissejew mußte Beziehungen in Odessa haben, da er von Prochorows Urlaub gewußt hatte. Gidenko war niedergeschlagen. Diese Schwierigkeiten verschlangen viel Zeit, und eine peinlich große Anzahl von Männern war da hinein verwickelt. Er hatte die Zuversicht verloren, daß das Moissejew-Problem leicht zu lösen sein würde.

Bei Prochorow lagen die Dinge etwas einfacher. Irgendein Unruhestifter hatte die Geschichte erfunden, Prochorow hätte erklärt, er sei gläubig geworden. Das konnte bei Prochorows Rückkehr aufgeklärt werden.

Es war schlimm, daß ausgerechnet Oberst Malsin beschlossen hatte, sich in den Fall Moissejew einzumischen. Es gab genug andere Führer in der Polit-Erziehungsstelle, die mit zehn Moissejews fertig geworden wären. Doch Malsin war besonders empfindlich, wenn es sich um religiöse Angelegenheiten handelte.

Gidenko erhob sich und salutierte, als Malsin das Zimmer betrat.

»Wenn da nicht seine Beliebtheit bei den Männern wäre, könnte ich den Fall selbst übernehmen.« Malsins Stimme gewann an Schärfe, als er fortfuhr: »Er ist ein ausgezeichneter Chauffeur. Glauben Sie mir, ich beobachte ihn genau. Er ist immer pünktlich, immer nüchtern, immer und auf jede Weise korrekt. Der Wagen ist immer vollkommen in Ordnung. Er hat sogar Verdienstpunkte von verschiedenen Offizieren bekommen. Verdienstpunkte! Und er ist erst sechs oder sieben Monate beim Militär!«

Das ist eine lange Zeit für einen jungen Mann, der Autorität der Roten Armee zu trotzen, dachte Gidenko. Es war schwierig zu erklären.

»Ich habe schon früher Baptisten erlebt. Sie sind eigensinnig und heimtückisch«, fuhr Malsin fort, »und sie sind sehr verschlossen. Aber immer sind sie bemüht, gute Arbeit zu leisten. Sie wissen mehr über die Gesetze unseres Landes – oder glauben es wenigstens – als alle unsere politischen Rechtsgelehrten zusammen.«

»Was das Gesetz betrifft, hat Moissejew keine verbrecherische Handlung begangen«, erwiderte Gidenko. »Und zweifellos weiß er das auch.« Gidenko öffnete das Fenster seines Büros, um die frische Meeresluft hereinzulassen. Der Frühling in Kertsch war schön. Er begann früh und endete spät. Gidenko tat einen tiefen Atemzug und wünschte, Moissejew würde jetzt kommen.

»Unsinn! Sie bringen mich dazu, Ihre Kompetenz in Frage zu stellen, Gidenko. Ich könnte Moissejew in diesem Augenblick als Agitator verhaften. Ich denke, es gibt Gesetze gegen antisowjetische Aktivitäten und religiöse Propaganda. Moissejew fällt unter beides. Und es gibt auch Augenblicke, wie Sie sehr wohl wissen, wo man sich über gewisse Gesetze hinwegsetzen muß und gezwungen ist, administrativ zu handeln.«

Gidenko debattierte nicht gern mit dem Oberst, aber er hatte keine Wahl. »Unglücklicherweise kann man mit Moissejew nicht so schnell fertig werden. Er steht im Mittelpunkt der Aufmerksamkeit. Die Männer in seiner Einheit dürfen unsere Maßnahmen nicht als antireligiös mißverstehen, Oberst. Daß seine Handlungen antisowjetische sind, ist für uns natürlich klar, aber den Männern mag es nicht so klar sein. Es ist alles in allem kein einfaches Problem.«

Malsin war gereizt. Er zündete sich eine Zigarette an und sagte betont sicher:

»Es gibt eine einfache Erklärung für Prochorows Urlaub, falls wir die genauen Fakten beschaffen können. Es gibt keine Geheimnisse in der Welt. Es gibt nur Unwissenheit.«

Man hörte ein kurzes Klopfen an der Tür, dann wurde Iwan hereingebracht. Schnell wurde die Tür hinter ihm wieder geschlossen.

Malsin inhalierte tief. Der Junge sah gut aus, mit regelmäßig geschnittenen Zügen und klaren, ruhigen Augen. Er wirkte sehr wach und aufmerksam auf eine Art, die Malsin nicht mochte.

»Moissejew, ich will gleich zur Sache kommen. Wie Sie wissen, bin ich der Oberkommandierende für den ganzen Stützpunkt. Ich habe allen Grund, Sie der subversiven antisowjetischen Aktivität zu verdächtigen. Da Sie von dem Befehl wußten, daß Feldwebel Pjotr Alexandrowitsch Prochorow plötzlich Urlaub haben sollte – eine Tatsache, die wir erst heute morgen hier im Stützpunkt erfuhren –, müssen Sie Komplizen in Odessa haben.«

Gidenko setzte sich auf seinen Stuhl und starrte teilnahmslos aus dem Fenster. Im gegenüberliegenden Gebäude konnte er beobachten, wie vorbeikommende Soldaten von Zeit zu Zeit herüberblickten. So hatte sich also die Nachricht, daß Moissejew wieder einmal verhört wurde, bereits verbreitet.

»Es ist erwiesen, daß Sie versucht haben, in Ihre religiösen Phantasien so viele Soldaten wie möglich hineinzuziehen – Soldaten, die in ihrer materialistischen und sozialistischen Weltanschauung nicht sehr gefestigt sind. Sie haben auf alle Weise versucht, sie von produktiver Tätigkeit abzuhalten und ihre Ausbildung zu aktiven Kommunisten zu verhindern. Als Kommandeur befehle ich Ihnen, sofort von dieser Tätigkeit abzulassen und Ihre subversive Aktivität in vollem Umfang zu bekennen.«

Gidenko wandte sich jetzt Moissejew zu. Er stand still da. Die Vorwürfe schienen ihn kaum zu berühren.

»Übrigens«, fuhr Malsin fort, und seine Stimme war noch gereizter, »wie erfuhren Sie von Prochorows bevorstehendem Urlaub? Wir in Kertsch hatten vorher absolut keine Ahnung davon. Ich verlange eine vollständige Erklärung.«

Iwans Stimme war fest und klar. »Genosse Oberst, ich wußte nicht, daß Feldwebel Prochorow Urlaub gewährt werden würde. Gott sagte mir, daß er ihm Urlaub geben würde – Gott wollte damit Seine Existenz beweisen. Und er hielt sein Wort.«

Malsin wurde rot vor Wut. Noch deutlicher, als wenn er nichts gehört hätte, wiederholte er seine Frage.

Gidenko wünschte, er hätte vorher etwas getrunken. Das Verhör würde lange dauern.

Mittlerweile war es bereits früher Nachmittag geworden. Das Verhör war noch immer in vollem Gange. Malsin schien über eine enorme Energie zu verfügen; doch Moissejew antwortete immer ruhig, manchmal zögerte er so lange mit seinen Antworten, daß Gidenko sich schon fragte, ob er krank sei. Da der Junge weder Frühstück noch Mittag gehabt hatte, würde er schließlich nachgeben. Und das wünschte Gidenko, da sich die Sitzung endlos hinzog. Außerdem hätte er selbst das Ganze besser angepackt.

Da unterbrach Malsin das Verhör. Mit eisiger Stimme schickte er Moissejew zu seiner Einheit zurück. Als sich die Tür hinter ihm geschlossen hatte, war sein Gesicht weiß vor Anstrengung und Zorn. Zwischen zusammengebissenen Zähnen stieß er hervor:

»Und so einer ißt unser sowjetisches Brot!«

9. Die Armen singen, die Reichen hören zu

Iwan hatte Gerüchte vernommen, er würde in eine andere Einheit versetzt. Er wußte, daß Malsin entschlossen war, ihn loszuwerden. Aber der Frühling war dem Sommer gewichen und schon machte sich der Herbst bemerkbar, und er war immer noch in Kertsch. Indessen nützte er die Zeit und versuchte, sich auf allen Gebieten auszuzeichnen: beim politischen Unterricht, bei Schießübungen, in der höheren Mechanik, als Chauffeur, bei nächtlichen Übungen und Feldmanövern. Dies alles war für ihn eine Gelegenheit, Gott zu verherrlichen.

Eines Nachtmittags wollte er zum Postamt, um noch vor dem Unterricht einen Brief nach Hause aufzugeben, als er hörte, wie sich ein paar Soldaten vor der Tür zum Offizierskasino über ihn unterhielten.

»Was hat Moissejew getan?« fragte Wladimir Jakowlewitsch. »Stimmt es etwa nicht, daß unsere Verfassung jedem Gewissensfreiheit garantiert? Verstößt es gegen das Gesetz, ein Gläubiger zu sein? Was für ein Gesetz übertritt er, daß er so häufig verhört wird?«

Die Antwort des Offiziers und die knappe Erwiderung des Politoffiziers konnte Iwan nicht verstehen.

Der Sprache nach war es ein Ukrainer, der jetzt fragte:

»Warum wird er weggeschickt? Was hat er getan, daß er aus unserer Einheit entfernt wird?«

Wieder antwortete der Offizier, doch Iwan bekam das nicht mehr mit, da er im selben Augenblick die schwere Tür des Postamtes aufstieß. Seine Hände waren unsicher, als er die kleinen Münzen für eine Briefmarke hervorsuchte. Jeder Zwischenfall war für die politischen Führer Grund genug, um mit einer weiteren Serie von Verhören zu beginnen. Oberst Malsin oder Major Gidenko würden in furchtbare Wut geraten, wenn man ihnen berichtete, daß die Männer Iwan verteidigten.

Als Oberst Malsin am nächsten Morgen erwachte, war er schon verdrossen. Er hustete müde, während er sich im Bett aufzusetzen und zu erinnern suchte, warum dies ein unangenehmer Tag war. Er konnte hören, wie seine Frau in der Küche das Frühstück zubereitete und leise mit ihrem kleinen Sohn sprach. Der Geruch von Fisch hing in der Luft, und er hörte, wie das Teewasser in den Samowar geschüttet wurde.

Ach ja! Heute wurde die Einheit 61968 T dem Erntekommando in Schowten zugeteilt. Moissejews Einheit! Malsin liebte keine unerledigten Dinge. Das Problem bei Moissejew war, daß er sich zu viele Freunde in der Einheit erworben hatte. Das war nicht schwer zu verstehen. Er sah gut aus, arbeitete hart und half jedem. Natürlich war das ein Mittel, um seine Lehre auszubreiten. Aber Gidenko hatte recht: Vom gesetzlichen Standpunkt aus hatte er nichts Unrechtes getan. Und er war klug genug, so viel Aufmerksamkeit wie möglich auf sich zu ziehen.

Malsin rührte in seinem Teeglas. Seine Frau Galina betrachtete ihn nachdenklich.

»Es ist schlecht«, meinte er schließlich, »Moissejew mit seiner Einheit zu den Erntearbeiten zu schicken. Ich hätte ihn in eine andere Einheit versetzen sollen, wo er unbekannt ist. Ich hätte schnell und ganz inoffiziell handeln sollen.«

»Es macht mich ganz nervös. All diese sonderbaren Geschichten über den Jungen! Du sagst, es gibt einfache Erklärungen dafür, aber . . .« Sie brach plötzlich ab und richtete ihren Blick auf den heller werdenden Morgenhimmel.

Malsin trank seinen Tee so schnell, daß er sich die Zunge verbrannte.

»Was sagst du da, Lena? Ausgerechnet du, eine Sowjetlehrerin, zweifelst daran, daß man mit Verstand alles erklären kann? Das ist doch merkwürdig. Ich denke, es ist gerade deine Aufgabe, deine jungen Schüler im Geiste des Marxismus-Leninismus zu erziehen!«

Impulsiv lehnte sich seine Frau über den Tisch. Ihr schon leicht ergrauendes Haar war nach der herrschenden Mode gebleicht, und eine gelbe Strähne hing ihr über die Wange. Ihre weit auseinander stehenden Augen hatten plötzlich einen mutwilligen Ausdruck. »Wolodja, nun sei doch mal nicht so dienstlich! Langweilt dich diese rein materialistische Einstellung nicht manchmal? Sicher wird sie das!«

Malsin warf einen Blick über die Schulter auf seinen Sohn, während seine Frau fortfuhr:

»Kommt es dir nicht manchmal seltsam vor, daß viele der besten, fleißigsten und ehrlichsten Leute in unserem Land zu Moissejews Baptisten gehören?«

»Ich wundere mich, daß eine Frau mit deiner Bildung und in deiner Stellung so sprechen kann!« Malsin wurde plötzlich wütend, als seine Frau einen tiefen Seufzer von sich gab und sich auch keine Mühe machte, ihn zu unterdrücken. Er sprach schneller: »Die Gottesidee ist eine simple Erklärung für natürliche Phänomene, die noch nicht erforscht sind. Oder noch schlimmer, Gott ist einfach ein Wort, das in der Geschichte unseres Landes jahrhundertelang benutzt wurde, um die Ungerechtigkeit zu bemänteln und Grausamkeit und Heuchelei zu unterstützen. Das alles weißt du sehr wohl.«

Malsin stopfte seine Papiere in die Aktentasche und würdigte den Teller mit Fisch, den seine Frau auf den Tisch gestellt hatte, keines Blicks. »Dieses Krebsgeschwür, das sich Religion nennt, muß aus unserer Gesellschaft herausgeschnitten werden, wenn der Kommunismus wirklich triumphieren soll. Wie sollen denn unsere Bürger überhaupt fähig sein, im 21. Jahrhundert noch mit der Welt Schritt zu halten, wenn die religiösen Vorurteile immer noch nicht überwunden sind? Wo bleibt da der neue Sowjetmensch?«

Galina zögerte etwas, ehe sie antwortete: »Aber Wolodja, man hat uns doch gelehrt, daß der Kampf gegen die Religion allein mit ideologischen Waffen geführt werden muß, weil Zwangsmaßnahmen den religiösen Eifer nur vermehren. Du denkst doch nicht daran, bei dem jungen Moissejew Zwangsmaßnahmen anzuwenden?« Ein Schatten huschte über ihr Gesicht, weil eine Erinnerung in ihr aufstieg.

Malsins Stimme klang ungeduldig. »Ich bin kein Zehnjähriger, und du bist nicht meine Lehrerin. Über meine militärischen oder politischen Maßnahmen brauche ich dir keine Auskunft zu geben.« Er war stolz auf sich selbst, daß er jetzt nicht die Tür zuschlug.

Die Erntewochen auf den Feldern unter dem weiten ukrainischen Himmel vergingen fast zu schnell für Iwan. Viele Soldaten, besonders solche, die aus den Städten kamen, hatten die Plackerei auf den Feldern und die Öde des flachen Landes bald satt. Die Landarbeiter auf den Staatsgütern interessierten sie nicht, und am Abend gähnten sie ruhelos in den Zelten, in denen sie untergebracht waren, lasen oder spielten Schach und hofften, daß die Ernte bald eingebracht sein würde.

Aber für Iwan bedeutete das alles Heimat. Das Kollektiv, auf dem seine Eltern arbeiteten, war zwar nicht so groß wie dieses, und auch die Ernte verlief etwas anders. Aber das vertraute Gefühl, wenn die Nachmittagssonne auf seinem Rücken brannte, der Geruch der Erde, der Klang von Stimmen, die sich im Freien etwas zuriefen, ließen ihn vergessen, wo er sich befand, und manchmal meinte er fast, seine Brüder oder seine Mutter in der Nähe entdekken zu müssen.

Es war für ihn eine Zeit der Ruhe und geistlicher Erholung gewesen, die nur zu bald vorüber war. Er saß am Steuer seines Zil-164 und beobachtete den Lastwagen, der ihn abschleppte. Der Konvoi von Armeefahrzeugen, die mit Erde und zurückkehrenden Soldaten gefüllt waren, schlängelte sich über die Hügel durch die im Abendlicht liegende Landschaft auf Kertsch zu.

Plötzlich wurden Iwans friedliche Gedanken durch einen lauten Knall unter dem Lastwagen gestört. Er hupte, um die Aufmerksamkeit Fjodor Tarusows im vorausfahrenden Lastwagen zu wecken. Sie fuhren gerade einen Berg hinauf. Fjodor lenkte die beiden Fahrzeuge an den Rand der Straße und sprang, gefolgt von Alexej Kuprin, heraus.

»Das Kardangelenk?« vermutete Alexej.

Iwan nickte und sprang ebenfalls aus seinem Wagen. »Gib mir die Taschenlampe und den Werkzeugkasten. Ich will die Wagen eben auseinanderkoppeln. Zieh die Handbremse, ja?«

Ein Hund heulte irgendwo in der Ferne. Eine Eule schrie. Es war eine dunkle, sternenlose Nacht. Fjodor blickte seufzend auf seine Uhr: »Zehn Uhr abends! Wir werden überhaupt keinen Schlaf bekommen.«

Selbst im schwachen Licht der Taschenlampe konnte Iwan erkennen, daß es sich um das Kardangelenk handelte. Er durchstöberte den Werkzeugkasten nach einem Schraubenschlüssel, zwang sich unter das Auto. Stöhnend vor Anstrengung gelang es ihm, die Verbindung zu lösen. Aber da bewegten sich auch schon die Räder. Alexej hatte die Handbremse nicht gezogen. Mit einem jähen Schwung versuchte Iwan, unter dem Wagen hervorzukommen. Verzweifelt schrie er: »Rückwärtsgang!« Aber es war zu spät.

Das Seltsame in den nächsten Augenblicken war, daß er sich trotz seiner Schmerzen aller Dinge bewußt war: Des Hinterrades, das sich in seine Schulter und Brust bohrte, des Schreckens auf Fjodors Gesicht, des Motorengeheuls, als Alexej wiederholt versuchte, den Wagen am Abschleppseil zurückzuziehen. Der Geruch der Gummireifen und des Öls strömte in seine Nasenlöcher. Aus dem Augenwinkel konnte er die Taschenlampe sehen, die auf die Straße hinausgerollt war. In ihrem winzigen Lichtkegel begannen kleine Insekten zu tanzen. Der Schmerz breitete sich in Wellen in seiner Brust aus und nahm ihm den Atem. Er wußte, daß Alexej den Lastwagen nicht zum Stehen bringen konnte. Bald würde er bei Gott sein.

Da spürte er plötzlich, wie die Räder zurückrollten. Iwan wälzte sich selbst unter dem Lastwagen hervor. Dann brach er zusammen.

Als er seine Augen öffnete, brannte es wie Feuer in ihm. Eine kleine Gruppe von Ärzten stand neben seinem Bett. Iwan versuchte zu sprechen, aber sein Mund war vom Fieber zugeschwollen.

Eine Ärztin beugte sich interessiert über ihn und las die Frage in seinen Augen. Ihre Stimme war freundlich. »Sie sind in das Militärhospital Simferopol eingeliefert worden, Iwan Wassiljewitsch.« Ihr Ausdruck blieb unverändert, als sie das Fieberthermometer aus seiner Achselhöhle nahm.

Eine Krankenschwester begann, sein Gesicht mit kühlem Wasser zu waschen. Er versuchte, Flüssigkeit aus dem Lappen zu saugen, als sie damit seine Lippen berührte. Lächelnd hielt sie ihm ein Glas zum Trinken hin. Die kleinste Bewegung löste unheimliche Schmerzen aus. Selbst der leichteste Atemzug erforderte eine ungeheure Anstrengung. Iwans rechter Arm lag auf der Bettdecke. Er starrte ihn erstaunt an. Die ganze Hand, das Handgelenk und der Teil des Arms, der nicht von Binden bedeckt war, waren grau verfärbt. Er schien nicht zu seinem Körper zu gehören. Es war ihm unmöglich, auch nur die kleinste Bewegung in den geschwollenen Fingern hervorzurufen. Mühsam versuchte er mit der linken Hand das rechte Handgelenk und den rechten Handrücken zu berühren. Sie waren eiskalt, während sein übriger Körper vor Hitze glühte.

Die Krankenschwester richtete ihn jetzt in eine halb sitzende Lage auf, und durstig schluckte er mehr von dem Wasser. Er konnte dabei sehen, daß er in einem großen Krankensaal lag. Einige der Patienten schienen schwerkrank zu sein, sie bekamen Infusionen. Manche schliefen auch. Andere schienen auf dem Weg der Genesung zu sein, sie bewegten sich langsam wie alte Männer vom Bett zu einem Stuhl oder setzten sich vorsichtig auf, um zu lesen. Ein paar beobachteten Iwan aufmerksam.

Die Schwester entfernte sich mit dem Waschbecken und Handtuch. Iwan schloß die Augen und fing zu beten an.

Zur Zeit des Abendessens kam ein Chirurg, um Iwan mitzuteilen, es sei für den nächsten Morgen eine Operation geplant. Man hatte einen Spezialisten dafür angefordert. Sein rechter Arm, der so entsetzlich kalt war, sollte amputiert werden. Auch ein Teil der zerquetschten Lunge mußte entfernt werden.

Iwan folgte dem Arzt mit den Augen, wie er müde den Krankensaal verließ. Sein weißer Kittel glitt von einem Patienten zum anderen, er verhielt kurz, nickte . . . Als er fort war, versanken die Patienten wieder in ihre Depressionen, in Einsamkeit oder Schmerzen.

In Iwan wehrte sich alles gegen die bevorstehende Operation. Er wollte lieber sterben, als ein Krüppel werden. In seiner Not schrie er zu Gott: »Höre mich, o Herr! Laß meinen Hilfsschrei vor dich kommen. Verbirg dein Antlitz nicht vor mir am Tage der Bedrängnis! Neige dein Ohr und erhöre mich schnell am Tage, da ich zu dir rufe.«

Irgendwie mußte Iwan aus dem Bett heraus! Er spürte, daß er sonst in einer Verzweiflung versank, in der er weder beten noch vertrauen konnte. In seiner Seelenqual wälzte er sich an den Rand des Bettes und ließ die Beine über die Bettdecke gleiten. Er taumelte und versuchte, das Gleichgewicht zu halten, als vor Schmerzen alles um ihn dunkel wurde.

Die Männer im Saal schauten voller Furcht und Staunen auf ihn, als er nach einer Weile wieder begann:

»Laut schreie ich zum Herrn, laut flehe ich zum Herrn, meine Klage schütte ich vor ihm aus, tue kund vor ihm meine Not. Wenn mein Geist in mir verzagt ist, du weißt meinen Pfad. Ich schreie zu dir, o Herr, ich spreche: Du bist meine Zuversicht, mein Teil im Lande der Lebenden. O merke auf mein Flehen; denn ich bin gar schwach. Führe mich hinaus aus dem Kerker, daß ich deinen Namen preise! Denn du wirst mir Gutes erweisen.«

Eine vorbeigehende Schwester blieb an der Tür stehen und betrat dann langsam den Saal. Sie half ihm wieder ins Bett.

Iwan war plötzlich ruhig. »Denn du *wirst* mir Gutes erweisen.«

Er erinnerte sich noch, daß die Schwester sein Gesicht mit einem feuchten Tuch abgewischt hatte, dann schwanden ihm die Sinne, und er versank in wohltuende Bewußtlosigkeit.

Am nächsten Morgen erwachte Iwan um sechs Uhr. Einige Augenblicke blieb er reglos liegen, bis er wieder wußte, wo er war. Allmählich wurde ihm bewußt, daß er auf dem Rücken lag anstatt zusammengekrümmt auf der unverletzten linken Seite. Sein Atem ging ruhig. Vorsichtig tat er einen tiefen Atemzug. Seine Arme waren über dem Kopf verschränkt, und er konnte in den Saal sehen, in dem noch alles schlief. Vorsichtig zog er den rechten Arm an seine Seite herunter. Er war wieder vollkommen hergestellt – seine Fingernägel waren rosig, und die Hand leicht gebräunt. Mit Hilfe beider Hände setzte er sich auf und stieg aus dem Bett. Er gab seinem Kissen einen leichten Knuff und streichelte die Bettkante. Spielerisch schwenkte er einen Arm über dem Kopf, dann den anderen. Er legte die Hände in die Taille und bückte sich ein paarmal tief. Nichts tat ihm mehr weh, er war vollkommen genesen!

Voll tiefen Glücks kniete er sich am Fußende seines Betts hin. Leise flüsterte er Dankgebete: »Hallelujah! Lobe den Herrn, meine Seele. Ich will den Herrn loben, solange ich lebe, will meinem Gott singen, solange ich bin. Der Herr öffnet den Blinden die Augen, der Herr richtet die Gebeugten auf, der Herr liebt die Gerechten. Lobet den Herrn!«

Schließlich begann der Mann im Nebenbett zu stöhnen. Auf der anderen Seite des Saals versuchte jemand mühsam ein Glas Wasser zu erreichen. Langsam brach ein neuer Tag an.

Schläfrig kroch Iwan wieder ins Bett, um bald danach in einen tiefen, ruhigen Schlaf zu verfallen.

Mechanisch griff die Tagesschwester nach dem Thermometer in der Schublade von Iwans Nachttisch. Er öffnete die Augen und sah sie schläfrig an. Aber das Thermometer blieb in der Luft hängen, entsetzt starrte sie ihn an. Im nächsten Augenblick war sie verschwunden.

Laute Stimmen im Saal weckten ihn zum zweiten Mal. Der Chirurg stand diesmal neben der Schwester. Auch einige andere Ärzte eilten in den Raum. Alle starrten ihn fassungslos an.

Iwan setzte sich auf. Was ging hier vor? Plötzlich überwältigte ihn eine Woge von Glückseligkeit. Er hatte sich aufgesetzt! Er starrte seine Hände an, die vor ihm lagen. Der Verband lag am Fußende oben auf seiner Decke. Glücklich tat er ein paar tiefe Atemzüge. Er rieb die Hände aneinander und hörte dann verwundert damit auf.

Der Arzt war entsetzt. Er suchte verzweifelt nach Worten. Schließlich fragte er: »Soll ich Ihre Temperatur messen, Genosse Moissejew?« Iwan errötete vor Glück.

»Natürlich braucht meine Temperatur nicht gemessen zu werden, Genosse Doktor.«

Der Chirurg starrte ihn weiter an. Schließlich setzte er die Medizin auf dem Tischchen ab. Zögernd untersuchte er Iwans rechte Hand. Vorsichtig schob er den Ärmel des Krankenhausnachthemds zurück und besah sich den Arm. Dabei wurden seine Augen immer wieder von Iwans strahlendem Gesicht angezogen.

»Ich sah, daß Sie mich nicht heilen konnten. Deshalb wandte ich mich an meinen himmlischen Arzt, und er heilte mich in der Nacht. Sehen Sie!« Lächelnd schlug Iwan die Decke zurück und stand im nächsten Augenblick auf dem Fußboden. »Gestern abend war ich sehr krank, ich hatte hohes Fieber.«

Die Schwester begann zu zittern, als sie bestätigend nickte.

»Nun werde ich Ihnen zeigen, was mein Gott tun kann.« Iwan reichte dem Arzt das Thermometer, der es herunterschüttelte und unter Iwans Zunge legte. Einige Patienten aus dem Saal versammelten sich am Fußende des Bettes. Die anderen tuschelten miteinander, um zu erfahren oder weiterzuberichten, was da vor sich ging.

Der Arzt nahm das Thermometer heraus. »Ihre Temperatur ist normal, Moissejew. Es besteht kein Zweifel! Aber legen Sie sich trotzdem wieder ins Bett.«

Es fiel Iwan schwer, sich zu fügen. Er hätte springen und schreien und den Saal mit dem Lobpreis Gottes erfüllen mögen. Als die Ärzte und Schwestern schließlich gegangen waren, stützte er sich auf seinen Ellbogen und berichtete den anderen im Saal, was Gott an ihm getan hatte, während er schlief.

10. Was man mit der Muttermilch einsaugt, verläßt einen nur mit der Seele

Oberstleutnant Malsin knallte sein Notizbuch auf den Schreibtisch. Nie zuvor hatte er einen Telefonanruf erlebt, der ihn so rasend gemacht hatte. Der Chefarzt in Simferopol war ein ganz unzuständiger Idiot. Gestern hatte er noch berichtet, daß sie eine große Operation an Iwan Moissejew vornehmen müßten, daß sie ihm den Arm abnehmen würden, wenn sie ihn nicht retten konnten. Moissejew würde seiner Einheit dadurch sehr lange fernbleiben . . . Ja, er hatte verstanden. Es stand schlecht um Moissejew. Sein Zustand war kritisch. Malsin gestand sich ein, daß er erleichtert war, Moissejew vorerst nicht in Kertsch zu sehen. Das Schicksal hatte entschieden. Moissejew würde ein Krüppel sein, vielleicht aus der Armee entlassen werden. Auf jeden Fall würde er sie in Kertsch nicht länger beunruhigen.

Und heute erzählte der Chefarzt diese alberne Geschichte am Telefon! Die Operation würde nicht stattfinden. Mehrere Chirurgen hätten den Moissejew untersucht, er sei durch ein Wunder geheilt worden! Ein Mann der Wissenschaft faselt von Wundern! Dieser Mann, der gestern noch so schwerkrank gewesen war, ist bereits entlassen worden und fährt mit einem Bus zu seiner Einheit zurück. Und das sagt ein Mann der Wissenschaft! Malsin würde Bericht erstatten! Die Stimme des Arztes hatte am Telefon gezittert. Der Mann brauchte sicher einen Psychiater. Malsin versuchte das aufrichtig Menschliche in seinen Worten zu überhören. »Oberst, zum ersten Mal in meinem Leben sehe ich, daß es wirklich einen Gott gibt. Er hat Moissejew geheilt! Er ist vollkommen gesund. Selbst wenn ich ihn einen Monat lang behandelt hätte, würde ich das nicht erreicht haben!«

Es war geradezu peinlich, wie er sich herauszureden versuchte. Wenn ihm bei der Diagnose ein so gewaltiger Irrtum unterlaufen war, so wäre es weitaus besser gewesen, das zuzugeben und die Konsequenzen auf sich zu nehmen. Mit grimmiger Befriedigung schrieb Malsin seinen Bericht über Moissejews Entlassung aus dem Krankenhaus. Jedes Wort, das der Militärarzt über Wunder und Gott gesagt hatte, würde nach Moskau weitergegeben werden. Er läutete einen Mann von der Schreibstube herbei und befahl ihm, den Bericht zu tippen.

Malsin tat einen tiefen Atemzug, als er sich einen Wodka einschenkte. Die Polit-Erziehungsstelle war gerüstet für Moissejews Rückkehr.

Den größten Teil der Rückreise nach Kertsch saß Iwan betend und Gott preisend im Bus; dabei beobachtete er die spätherbstliche Landschaft. Es konnte jeden Tag zu schneien anfangen. Landarbeiter, die noch auf den Feldern beschäftigt waren, winkten den Reisenden im Bus nach, als er vorbeirollte. Kleine Kinder, dick aufgeplustert in ihren warmen Wintersachen, standen neben gefrorenen Pfützen und staunten dem Bus nach, während ihre Babuschkas sich geduldig herabbeugten, um ihnen etwas zuzuflüstern. Er liebte das alles: die Menschen, den weiten Himmel, die Felder, so weit das Auge reichte, die Arbeiter, die die letzten Kohlköpfe abschlugen und auf Lastwagen warfen. Eine Zeitlang vergaß er seine Schwierigkeiten und saß aufrecht am Fenster, stolz darauf, ein Teil dieses großen Lebensstroms Sowjetunion zu sein.

»Ich habe es oft erlebt«, hatte er einmal an seine Eltern geschrieben, »daß nach einem machtvollen Beweis von Gottes Kraft Satan ganz besonders wütet und so viel Böses wie möglich anzurichten versucht.« Er war nur noch wenige Stunden von Kertsch entfernt und versuchte, sich auf das vorzubereiten, was dort auf ihn warten mochte.

Aber daß die Angriffe so plötzlich und so bösartig mit seiner Rückkehr einsetzten, war doch ein Schock für ihn.

Kommissar Dolotow vom Hauptquartier der Krim hatte den Befehl ausgegeben: »Moissejew muß gebrochen werden!« Der Chef des Polit-Ruk in Kertsch und der militärische Befehlshaber würden ihm dafür bürgen! Iwan sei schon ein Jahr beim Militär, und immer noch bekenne er offen seinen Glauben. Es dürfe einfach keine weiteren Vorkommnisse und auch keine Probleme mit den Männern seiner Einheit mehr geben. Wenn sie diesen Fall nicht zufriedenstellend lösten, wären sowohl Gidenko wie auch Malsin erledigt.

Iwan hatte kaum ausgepackt, als er zu einem Polit-Offizier und dann zu einem zweiten bestellt wurde. Er wurde verhört, befragt, belehrt, bedroht. Er wurde mitten aus den Unterrichtsstunden, von den Mahlzeiten und oft mitten in der Nacht zum Verhör gerufen.

Es war bekannt, daß er im bürgerlichen Leben an illegalen Aktivitäten in einer nicht registrierten Kirche teilgenommen hatte. Daß er subversive Tätigkeit in der Armee leistete, war ebenfalls bekannt. Wie viele Sowjetsoldaten hatte er bereits in den Wirbel seiner Phantastereien gezogen, von konstruktiver Tätigkeit abgehalten und sie zu geheimen Gesprächen und Aktivitäten verleitet? Er konnte jederzeit zu sieben Jahren Haft oder mehr in einem Umerziehungslager verurteilt werden wegen seiner antisowjetischen Propaganda, gemäß Artikel 58, Paragraph 10, des Strafgesetzbuches. Außerdem schien er während der Unterrichtsstunden und der Übungen häufig geistesabwesend zu sein.

So kam eine lange Beschwerdeliste gegen ihn zustande. Er sei ungehorsam. Er würde sich einer psychiatrischen, einer medizinischen und einer politischen Untersuchung unterziehen müssen. Wenn es einen Gott gäbe, wieso glaubte dann niemand an ihn? Könne er, wie er die Bibel zitiere, auch zitieren, was Marx, Engels und Lenin über Gott gesagt haben?

Stundenlang schrien sie ihn so an. Iwan versuchte, nicht hinzuhören. Es war auch unnötig, weil die meisten Fragen nur der Einschüchterung dienen sollten. Wollte man Antworten von ihm, wurde die Frage mit solchem Nachdruck gestellt und oft mit einem Schlag auf Rücken oder Kopf unterstrichen, daß er dann ohnehin wach war. Bis dahin konnte er sich auf das Gebet konzentrieren.

So etwa verlief ein solches Verhör:

»Warum leben Sie so zurückgezogen? Warum nehmen Sie nicht teil an kulturellen Veranstaltungen? Warum kommen manchmal Soldaten – nicht etwa nur Männer aus Ihrer Einheit –, um Ihnen Fragen zu stellen? Wer sind diese Soldaten? Geben Sie zu, daß Sie versuchen, andere zu Ihrem Glauben zu bekehren? Wissen Sie, daß eine solche Tätigkeit vom Gesetz verboten ist?

– Ihren fortgesetzten Ungehorsam muß man als krankhaftes Verlangen nach dem Selbstmord verstehen . . . Sie befinden sich in einem religiösen Delirium mit Ihrem Gerede von Gott und Wunderheilungen. Wissen Sie nicht, daß solche Dinge der Philosophie von Lenins wissenschaftlichem Kommunismus widersprechen? Ist das, was Sie über die Sinnlosigkeit eines Lebens ohne Gott sagen, nicht einfach ein Symptom für Schizophrenie?

– Wer sind Ihre Freunde in Odessa? Wann waren Sie zuletzt in Odessa?

– Es gibt Unstimmigkeiten in hunderten von Ihren Antworten. Gibt es bei Ihnen nicht ein Gebot, daß man nicht lügen darf?

– Wie steht es mit Ihrer Treue gegenüber dem Sowjetstaat? Leugnen Sie, daß Sie den Treueeid, den Sie beim Eintritt in die Armee leisteten, gebrochen haben? Wie kommt es, daß wir Atheisten niemanden betrügen, aber Ihr Gläubigen betrügt den Staat fortgesetzt mit euren geheimen Zusammenkünften und illegalen Veröffentlichungen? Sie leben nicht mehr im Einklang mit der Gesellschaft . . .

– Es sind nur potentielle Feinde, die die marxistische Philosophie leugnen. Sie können nicht mehr als Sowjetbürger betrachtet werden. Sie haben sich mit korrupten Menschen zusammengefunden, die der Staat bekämpfen muß. In der Armee bauen wir den Kommunismus mehr als in jedem anderen Lebensbereich auf. Wie können Sie behaupten, ein loyaler Soldat zu sein und zugleich versuchen, das wissenschaftlich-philosophische System der Armee und unseres sozialistischen Staates zu unterminieren?«

Es gab Stunden, in denen Malsin höchstpersönlich zu den von Gidenko durchgeführten Verhören erschien. Dann übernahm er die Führung. Seine Stimme wurde scharf, wenn er Moissejew Ungehorsam vorwarf, daß er alle Belehrungen abweise, sich jedem Rat widersetze und fortfahre, seine individualistische und fanatische Weltanschauung zu glauben und zu lehren, um die Stabilität seiner Einheit und der ganzen Division in der Sowjetarmee zu unterminieren.

Iwan wurde immer ganz plötzlich entlassen. Irgendwie geriet er dann mitten in eine Unterrichtsstunde, eine militärische Ausbildung oder Übung, und er mußte sehen, wie er mitkam, Prüfungen über sich ergehen ließ, Fragen beantwortete. Wenn er dazu nicht fähig war, wurde eine Beschwerde eingetragen, und Iwan mußte hilflos zusehen, wie sein Name wieder einmal auf die Drückebergerliste gesetzt wurde.

Allmählich kam der Frühling 1972. Erschöpfung, Kälte und Ungewißheit machten Iwan fertig, und er wußte es. Es gab kurze Pausen, in denen er normal und regelmäßig am militärischen Tageslauf teilnehmen konnte; dann begannen die Verhöre wieder.

Das alles schüttete er täglich vor Gott aus. Er hatte entdeckt, daß die Tür zu dem Aufbewahrungsraum, der zu seinem Schlafsaal gehört, gleichzeitig Notausgang war und die ganze Nacht unverschlossen blieb. Ein Fenster an der gegenüberliegenden Wand dieses schmalen Raumes öffnete sich auf den eigentlichen Notausgang, der zur Straße hinunterführte. Dieses Fenster stand offen für die kalten Winde, die vom Schwarzen Meer herauf kamen. Es gab auch einen Stuhl, auf den Iwan seine Ellbogen beim Gebet stützen konnte. So verbrachte er ganze Stunden in den milden Nächten. Die tiefe Stille dieses Raums hatte etwas Heilendes. Unzählige Uniformen, die da hingen, dämpften das Murmeln seiner Gebete, sein Schluchzen und seine geflüsterten Hymnen, so daß die schlafenden Soldaten im Saal nebenan nichts vernahmen.

Manchmal verspürte er Heimweh, als sich die Felder um den Stützpunkt im Frühling mit frischem Grün färbten. Es gab auch Nächte, in denen Iwan zu entmutigt war, um zu beten. Neuerdings schien es, daß sich seine Antworten, die er den politischen Führern und Anwälten gab, irgendwie verwirrten. Er sah an ihren Gesichtern, daß sie ihn bei einer Aussage ertappten, die ihnen gefiel. Während der Verhöre wanderten seine Gedanken ständig umher, sie kehrten in die Moldaurepublik und zu dem kleinen Heimatdorf auf der Kollektivfarm zurück.

Heute nacht leuchtete der Mond, den er vom Fenster des Vorratsraumes aus sehen konnte, klar am Himmel. Derselbe Mond würde über den Rebfeldern von Wolontirowka scheinen. Iwan war verzagt. Morgen früh sollte er noch vor dem Frühstück in Malsins Büro erscheinen. »Herr Jesus! O Herr!« Die Stille des Raums wurde nur noch tiefer. »Himmlischer Vater! Ich weiß nicht, wie lange ich noch durchhalte.« Er hatte den Kopf auf die Arme sinken lassen, die auf dem Holzstuhl lagen. Manchmal döste er ein wenig ein, während er auf die Hand des Herrn wartete. Eine sanfte Melodie summte ihm durch den Kopf, und er ließ sich davon in der sanften Brise, die vom Fenster kam, einlullen.

Da sah er sie: Die Nacht war erhellt von der himmlischen Schar. Ihre durchscheinenden Gestalten schienen von verschiedenfarbigen Scheinwerfern angestrahlt, die ihren Gesichtern eine wilde Schönheit verliehen. Sie schienen sich zu bewegen, und doch veränderte sich ihre Stellung am Himmel nicht. Jetzt ertönte ihr Gesang lauter durch die Nacht, daß er es verstehen konnte:

»Bis an alle Enden dieser unglücklichen Erde,
wo immer Menschen sich finden,
fließt die Wahrheit des Evangeliums
in Strömen reinen und starken Glaubens.«

Nach langer Zeit verblaßte das Licht. Der Himmel war jedoch weniger dunkel und verwandelte sich langsam in ein Perlgrau. Es war bald Morgen.

Mit Tränen der Reue und Glückseligkeit kniete Iwan noch immer. Nein, er wollte nicht aufgeben. Ein froher Lobpreis stieg aus seiner von Zweifel und Mutlosigkeit erlösten Seele auf. Eine tiefe Stille hing über dem Raum. Noch sang kein Vogel. Iwan wußte: Das war Gottes Ruf an ihn gewesen, und er wußte wieder, daß er durchhalten würde.

Malsin war wütend, daß Moissejew den Stützpunkt verlassen hatte, weil er anderswo als Chauffeur gebraucht wurde. Er hatte einen Befehl unterzeichnet, der ihn aufhalten sollte. Angeblich war der Befehl verloren gegangen. Da Malsin diesen Schnitzer nicht hinnehmen konnte, zerrten die Büroangestellten in seinem Vorzimmer Stöße von Papier aus den Schubladen, stießen tippende Soldaten von ihren Schreibmaschinen und untersuchten die Papierkörbe. Ein Korb mit Telegrammen wurde auf dem Fußboden ausgeleert; die Papiere verwehten wie die Blätter einer Espe im Sturm. Noch mehr Durcheinander und Rufen! Die Tür zum Vorzimmer wurde zugeschlagen. Der Befehl war tatsächlich verschwunden!

Es war gut, dachte Iwan, hier draußen auf der offenen Straße zu sein mit den weiten Feldern ringsum. Der Lastwagen rollte leicht über die Asphaltstraße, die Brotladung war hinten verstaut und durch ein doppeltes Vorhängeschloß gesichert. Eine dichte Schwarzdornhecke säumte diesen Teil der Straße, und Iwan blickte häufig dorthin und freute sich an den Vögeln, die sich in dem dichten grünen Versteck niedergelassen hatten und aus- und einflogen. Der jüngere Unteroffizier, der neben Iwan saß, war Berufssoldat – ein angenehmer Ukrainer. Es war ihm geglückt, unterwegs eine Melone zu kaufen. Nun verzehrte er sie geräuschvoll.

Die Nadel des Tachometers stand unbeweglich bei sechzig Stundenkilometern, als Iwan ohne Vorwarnung den Fuß vom Gaspedal nahm. Er folgte einer inneren Stimme, ohne zu wissen, warum.

Seine Augen sahen zum Rückspiegel. Hinter ihm, genau wie vor ihm, war die gerade Straße leer. Wadim Harmanskij warf die Melonenschale aus dem Fenster, wischte sich den Mund mit dem Ärmel ab und verstaute sein Messer in der Tasche, wobei er sich leicht auf seinem Sitz aufrichtete, und sah verwundert auf das Tachometer und dann zu Iwan, der etwas verklemmt hinter dem Steuerrad saß. Irgend etwas, was auf der Straße entlangrollte, weckte Iwans Aufmerksamkeit. Harmanskij rief voller Staunen: »Kamerad, das ist eines von unseren Broten!« Ein anderes braunes Ding rollte hinterher.

Ganz plötzlich begriff Iwan, fuhr an die Seite und brachte den Wagen zum Stehen. Der Unteroffizier sprang aus der Kabine und rannte nach hinten. »Sieh dir das an, Kamerad! Die Schnappschlösser sind noch eingeklinkt und verschlossen.« Über die Schulter blickte er auf die über die Straße verstreuten Brotlaibe. Schnell schloß er den Laderaum auf. Die beiden Soldaten starrten in das Innere: Die Hälfte ihrer Ladung war fort, über die Landstraße verstreut.

Harmanskij kratzte sich verstört im Nacken. »Wanja, nun sag mir bloß! Wir beide haben doch zusammen diese Türen abgeschlossen.« Er schüttelte den Kopf. »Die Schlösser sind ganz in Ordnung, aber das Brot liegt auf der Straße. Ich arbeite mit diesem Kasten schon sechs Jahre, aber niemals ist mir so etwas passiert. Es ist ganz unmöglich, daß sich diese Türen von selbst öffnen. Und wir haben sie zusammen abgeschlossen, das weiß ich doch!«

Auch Iwan war ganz bestürzt. »Es war eine innere Stimme«, er bückte sich, um ein Brot aufzuheben, »Gott sagte mir, ich solle das Gas wegnehmen. Ich sah aber keinen Grund dafür. Nun hat er uns gezwungen zu halten!«

»Es gibt so ähnliche Geschichten in der Heiligen Schrift, die ich als Kind von meiner Babuschka gehört habe.« Harmanskij lüftete seine Kappe und kratzte sich wieder den Nacken, während Iwan den Lieferwagen auf die

Straße fuhr und wendete, um die verlorenen Brote einzusammeln. Ein Bus mit Urlaubern vom Schwarzen Meer sauste an ihnen vorbei.

»Mein Vater war ein frommer Jude«, fuhr Harmanskij fort. »Jeden Freitag abend ging er zur Synagoge nach Kiew, und wenn er fort war, erzählte mir meine Großmutter beim Licht der Sabbathkerzen biblische Geschichten. Einmal erzählte sie mir von einem Traum, wie ein riesiges Gerstenbrot in das Lager der Midianiter fiel und ein ganzes Zelt zerstörte. Sie sagte, das bedeute, der Anführer der Juden würde einen Sieg erringen.« Er lächelte, als er aus dem Wagen sprang, um Iwan beim Aufsammeln der Brote zu helfen.

»Aber was bedeutet es, wenn Gott eine halbe Brotladung hinausbefördert?«

»Aus irgendeinem Grund wollte Gott, daß wir langsamer fuhren. Da bin ich ganz sicher. Als ich das nicht so genau nahm, veranlaßte er die Sache mit dem Brot, um uns anzuhalten. Warum, wie soll ich das wissen!«

Es war eine zeitraubende Arbeit, das verstreute Brot wieder einzusammeln. »Vielleicht tat Gott das, um dich zu bestrafen?« rief Harmanskij Iwan über die Straße zu. Er grinste. »Das nächste Mal werde ich einen anderen Fahrer verlangen.«

»Ihr Baptisten seid eine merkwürdige Bande, das muß ich schon sagen, Wanja«, bemerkte der Unteroffizier, als sie schließlich ihren Weg fortsetzten, nachdem das staubige Brot wieder sicher hinten eingeschlossen worden war. »Es scheint dir nichts auszumachen, was mit dir geschieht. Vielleicht glaube ich auch manchmal an Gott. Vermutlich tun das viele Leute – ein wenig. Aber was hat es für einen Sinn, sich das Leben schwer zu machen, indem man es den Vorgesetzten gegenüber ausposaunt?«

Langsam antwortete Iwan: »In unserem Land herrscht Gewissensfreiheit. Die Verfassung sagt, daß die Leute frei sind, zu glauben oder nicht zu glauben, ganz wie es ihnen beliebt, daß sie ihren Glauben ausüben können oder nicht. Also sollte es auch nicht notwendig sein, seinen Glauben zu verbergen, Genosse.«

Ungeduldig zündete sich der Unteroffizier eine Zigarette an. »Du sprichst über die Verfassung! Weißt du nicht, daß sich das Komitee für Öffentliche Sicherheit einen Dreck um Gesetze schert?«

Gewohnheitsmäßig sprach er jetzt leiser: »Dies würde ich nicht jedem sagen, Wanja, aber dich mögen alle gern. Viele kennen dich und haben gehört, was du über Gott sagst. Unter den einfachen Soldaten ist es kein Geheimnis, daß manche deinetwegen ihre Einstellung zum Atheismus geändert haben. Auch sie werden jetzt belästigt.« Warnend hob er die Hand, als er sah, daß Iwan antworten wollte: »Falls man mich einmal fragen sollte, werde ich sagen, daß du niemals mit mir über Religion gesprochen hast. Bitte, verdirb mir das nicht!«

Der Unteroffizier bewegte sich unruhig hin und her und lehnte seinen Rücken gegen die Tür. »Ich sage dir: Der KGB* ist bei Malsin gewesen und hat sich nach dir erkundigt. Du bist ein guter Bursche. Ich kann nicht behaupten, daß ich die Dinge erklären könnte, die mit dir geschehen sind. Ich versuche, sie gar nicht zur Kenntnis zu nehmen oder zumindest nicht darüber nachzudenken. Aber jeder ist sich klar darüber, daß du ein guter Mensch bist. Kannst du nicht einen Weg finden, um dich aus den Schwierigkeiten herauszuhalten? Wem nützt du denn damit, daß du stunden- und tagelang von den Offizieren befragt, ständig aus dem Bett gerissen und die ganze Zeit zum Verhör gerufen wirst? Schließlich wird man dich ganz zerstören, und das Gute, das du mit deinem Leben hättest anfangen können, wird auch im Eimer sein. Sicher ist dir schon der Gedanke gekommen, daß man dich verhaften kann. Aber das ist natürlich deine Sache, wenn du dein Leben wegwerfen willst . . .«

Seine Stimme erstarb bei dem Anblick, der sich ihnen jetzt auf der Straße bot. Der Bus, der an ihnen vorbeigebraust war, als sie das Brot aufsammelten, lag aufgerissen im Straßengraben. Menschen lagen in alle Richtungen verstreut, manche hingen aufgespießt an einem umgestürzten Kran, mit dem der Bus augenscheinlich zusammengestoßen war. Mehrere Personenwagen waren in den Auffahrunfall verwickelt. Der Körper eines alten Mannes hing grotesk in einer zerschmetterten Windschutzscheibe. Polizei und Krankenwagen trafen ein. Es war ein Hin- und Herrennen über Berge von zerbrochenem Glas, das schlüpfrig vom Blut war. Ein schreckliches Stöhnen ertönte von allen Seiten.

Iwan und Harmanskij saßen ganz krank in ihrer Fahrerkabine. Harmanskijs Stimme klang hohl: »Wenn wir nicht wegen des Brots angehalten hätten, lägen wir jetzt auch da. Wir könnten tot sein. Gott hat dein Leben gerettet.« Tränen standen ihm in den Augen. Er preßte seine zitternden Hände gegen das Armaturenbrett.

Nur mit großer Anstrengung sprach Iwan: »Gott hat *unser* Leben gerettet!« Seine Stimme war bewegt: »Er liebt nicht nur mich. Er liebt jeden. Auch dich, Genosse.«

Harmanskij verbarg plötzlich den Kopf in den Händen und begann zu weinen.

* KGB = Sowjetische Geheimpolizei

11. Jedes Heim kennt seinen Herd

Malsin spuckte das Stück Fingernagel, das er soeben mit den Zähnen abgerissen hatte, aus und saugte an der rissigen Stelle. Seine Hände waren wund, vom übermäßigen Rauchen war er krank, und vor ihm auf dem Schreibtisch lag wieder die Akte von Iwan Moissejew. Wieder einmal mußte ein Bericht verfaßt werden, diesmal über die Störung, die Moissejew und Genosse Unteroffizier Harmanskij verursacht hatten, als sie mit dem Brotwagen zum Stützpunkt zurückkamen. Es gab schon viel zu viele Vorfälle dieser Art, die unerklärt und unberichtigt geblieben waren.

Das würde wohl niemals aufhören. Was sollte er schreiben?

»Der normale Tageslauf im Stützpunkt wurde letzte Woche durch Berichte von Iwan Moissejew und Wadim Harmanskij gestört, daß Gott die Brotlieferung für die Armee aus dem abgeschlossenen Lieferwagen auf die Straße befördert habe, um so zu verhindern, daß sie in einen ernsten Unfall verwickelt wurden.« Malsin hatte selbst die Soldaten befragt, die sich in großer Zahl um den Brotwagen eingefunden hatten. Harmanskij hatte geweint, als er die Geschichte erzählte. Offensichtlich hatte er einen Nervenzusammenbruch erlitten. Vielleicht hätte er Harmanskij wegen Nachlässigkeit einsperren sollen? Es war offensichtlich eine grobe Pflichtverletzung gewesen, daß er den Lieferwagen nicht abgeschlossen hatte. Er zuckte die Schultern. Nun, da er das Ganze als einen Fall für den Nervenarzt dargestellt hatte, wollte er es dabei belassen.

Aber warum mußte auch dies wieder im Beisein Moissejews geschehen? Immer Moissejew!

Das Amt für besondere Angelegenheiten hatte den Busunfall bestätigt, und dies steigerte noch die Aufregung im Stützpunkt. Moissejew war geradezu genial, wie er jede Situation auszubeuten wußte, um sie als ein weiteres Wunder seines Gottes darzustellen.

Trotz aller Umerziehungsversuche fuhr Moissejew fort, seine Ansichten zu verbreiten. Es war Moissejews bewußter Ungehorsam, der Tag und Nacht an Malsin zehrte. Die militärischen und die politischen Offiziere hatten ihn auf jede legale Art bearbeitet, und auch auf jede andere!

Der Maiwind, der durch das offene Fenster kam, verstreute Zigarettenasche über die Papiere auf Malsins Schreibtisch. Unbewegt starrte er auf das Aschenhäufchen auf dem Bericht über Moissejew. Er machte sich nicht die Mühe, es wegzufegen.

Die Situation wurde immer schwieriger. Der Bericht aus dem Militärhospital Simferopol mit dem amtlichen Siegel darunter befand sich in seiner Hand. Zweihundert Männer, die im letzten Herbst zum Ernteeinsatz abkommandiert waren, gaben vor, an eine übernatürliche Heilung von Moissejews Verletzungen zu glauben. Zweifellos waren sie durch Geschichten beeinflußt, die vom Büro des Chefarztes durchgesickert waren. Die Erinnerung an die ergriffene Stimme am Telefon nagte noch an Malsin. »Zum ersten Mal in meinem Leben sehe ich, daß es wirklich einen Gott gibt!« Was für Ärzte hatten sie bloß in Simferopol? Malsin würde nicht einmal ein Tier dort einliefern!

Er zündete sich eine weitere Zigarette an. Es war ein Glück gewesen, daß die Männer bei dem Ernteeinsatz aus verschiedenen Einheiten und verschiedenen Städten stammten.

Alle Ereignisse hatten natürliche Ursachen. Da war die Sache, wie Moissejew im Schnee gestanden hatte: vielleicht besaß er eine angeborene Unempfindlichkeit gegen Kälte? Aus dem Krieg war bekannt, daß manche Männer übermenschliche Taten vollbracht hatten. Heldentum ließ sich manchmal einfach darauf zurückführen, daß ein Mann einen Befehl nicht gehört hatte oder zu dickköpfig war, um eine Strategie zu begreifen. Manchmal war es ein genetischer Zufall, der einem Mann einen augenblicklichen Vorteil gegenüber seinen Kameraden verschaffte. Vielleicht wußten die Genetiker eine Erklärung für Moissejew. Zweifellos hatte er im Gefängnis in Swerdlowsk unglaublichen Kälte- und Druckanwendungen standgehalten – sofern man den Berichten aus Swerdlowsk glauben konnte.

Malsins Zigarette brannte zu Ende, ungeduldig drückte er sie in dem übervollen Aschenbecher aus.

Es war keine Frage, daß Moissejew der Prozeß gemacht werden mußte. Unglaublicherweise hatte er achtzehn Monate lang der Roten Armee getrotzt und allen Bemühungen um seine politische Umerziehung Widerstand geleistet. Daß er darauf bestand, kein Gesetz verletzt zu haben, sondern für seinen Glauben litte, war eine Verleumdung des Sowjetstaates und seiner sozialen Ordnung. Das allein war Grund genug, ihn kaltzustellen. Die Verfassung der Sowjetunion garantierte die Gewissensfreiheit aller Sowjetbürger. Verfolgung um der Religion willen gab es nicht.

Malsin war müde. Er hatte schlecht geschlafen. Es paßte ihm heute nicht, aber er mußte eine Anklage gegen Moissejew aufstellen wegen illegaler Aktivität, offener Religionspropaganda und Verhöhnung der sowjetischen Wirklichkeit. Dolotow hatte es deutlich genug gesagt, daß ein Mensch mit solchen Ansichten niemals aus der Roten Armee entlassen werden könne. Er hatte

Malsin daran erinnert, daß es eine der Aufgaben des Militärs sei, die Gesellschaft von Bewegungen zu reinigen, die sich gegen die Interessen der arbeitenden Klasse richten. Da von Moissejews Dienstzeit nur noch sechs Monate blieben, müsse er vor Gericht gestellt, verurteilt und in die Verbannung geschickt werden, bevor die Entlassung vor der Türe stand.

Malsin läutete mit der kleinen Glocke auf seinem Schreibtisch. Nach einigen Augenblicken öffnete sich langsam die Tür, und der diensthabende Soldat, ein Mann von Moissejews Einheit, sah herein.

»Holen Sie Iwan Moissejew! Ich will ihn unverzüglich hier in meinem Büro haben.«

Die Tür schloß sich, kurz darauf wurde sie wieder geöffnet, und der Soldat meldete: »Moissejew ist gestern in Urlaub in die Moldaurepublik gefahren, wird in acht Tagen zurück sein, am zwölften.«

»Verdammt!« brüllte Malsin. »Wie ist es möglich, daß solche Sonderfälle wie Moissejew wie alle anderen behandelt werden? Wie ist es möglich, daß ich nicht gefragt werde? Ich hätte ihm niemals Heimaturlaub gegeben!«

Malsin machte bei jeder Frage einen drohenden Schritt auf den Melder zu. »Verschwinden Sie!« Malsins Stimme überschlug sich vor Zorn. Er stopfte die Papiere in die Aktentasche und ging nach Hause. Der Entschluß, den Fall Moissejew bald zu einem Abschluß zu bringen, erfüllte ihn mit neuer Energie.

Alle Fenster des kleinen Holzhauses standen weit offen, um die würzige Frühlingsluft an diesem Sonntagmorgen hereinzulassen. Luft war nötig, denn die Gläubigen saßen drinnen dicht zusammengedrängt. Die jungen Leute lehnten von draußen gegen die Fensterbretter, ihre Stimmen trugen den Gesang über die üppigen Felder und frühlingsgrünen Wiesen. Kein einziger Gläubiger fehlte an diesem Morgen, weil Bruder Iwan auf Heimaturlaub da war. Die junge Swetlana Petrowna strengte sich am Fenster an, um Iwan zu sehen, der auf einem Ehrenplatz vorne bei den Ältesten saß. Er trug dieselbe Kleidung, die er immer zu den Versammlungen getragen hatte, aber er schien um Jahre gealtert. Swetlana fragte sich, ob sie sich auch so sehr verändert habe.

Sie sangen die im Moldaubezirk beliebten Kirchenlieder, eins nach dem anderen. So feierten sie Iwans Rückkehr und ermutigten ihn. Swetlana sang von ganzem Herzen mit. Sie hatte gehört, daß Iwan eine schwere Zeit hinter sich hatte.

Einige der Ältesten würden sprechen, aber Swetlana war sicher, daß man auch Iwan bitten würde, zu predigen. Sie stützte ihr Kinn auf die Fensterbank und betrachtete die Moissejews, die in der Nähe der Ältesten nebeneinander saßen. Ihre Gesichter strahlten vor Freude. Selbst einige ungläubige Nachbarn waren neugierig geworden und drängten sich zwischen die jungen Leute an die Fenster, um hineinsehen zu können.

Nachdem die Lieder verklungen waren, wurde Iwan gebeten, als erster zu sprechen. So las er einen Vers aus dem Alten Testament vor.

»Da öffnete der Herr die Augen Bileams, und er sah den Engel des Herrn, der mit gezücktem Schwert in seinem Weg stand. Und er verbeugte sich tief bis zum Erdboden.« Iwan hob die Augen von dem kleinen Buch und lächelte. »Auch heute öffnet der Herr seinen Gläubigen die Augen und läßt sie seine Gegenwart erleben und beweist ihnen seine Macht. Ich möchte auch Markus 14,35 zitieren, da heißt es: › . . . und er ging ein wenig weiter, fiel auf die Erde und betete, daß, so es möglich wäre, die Stunde an ihm vorüberginge.‹ Liebe Brüder und Schwestern, auch wir erleben solche Stunden in Zeiten großer Bedrängnis, und viele von uns haben das erlebt. In einer solchen Stunde nahm der Herr seine Zuflucht zum Gebet. Er wußte im voraus, was auf ihn wartete, aber wir wissen es nicht. Anstatt eine Predigt zu halten, möchte ich euch zum Gebet einladen. Wie der Herr Jesus betete, so wollen auch wir beten.«

Irgend etwas in seiner Stimme trieb Swetlana die Tränen in die Augen. So würde Iwan also nicht predigen! Statt dessen würden sie gemeinsam beten!

Es war lange nach dem Gottesdienst, als die Erwachsenen, die Iwan umdrängten, den Jungen Platz machten. Das Wohnzimmer, in dem alles dicht gedrängt stand, wurde dadurch noch voller. Die jungen Leute begrüßten ihren Kameraden nur schüchtern, niemand wollte ihm Fragen stellen, die ihn in Verlegenheit bringen würden, und doch wollte jeder gern Näheres über seine Schwierigkeiten erfahren. Jemand schloß leise die offenen Fenster und die Haustür. Ein Großmütterchen, das neben Iwan saß und seinen Arm hielt, stieß ihn plötzlich an: »Wanja, Wanja«, ihre alte Stimme zitterte vor Bewegung, »sag uns, wie es war.«

Es wurde ein Nachmittag, den Swetlana nie vergessen sollte.

Was für herrliche Dinge hatte der Herr getan! Das Wunder von Iwans Heilung! Der Vorfall mit dem Brot! Der Urlaub, den der Feldwebel bekam! Oft wurden spontan Loblieder angestimmt als Antwort auf eine von Iwans Geschichten. Manchmal betete auch ein Bruder oder eine Schwester für Iwans Offiziere, für die neuen Brüder in der Armee, von denen Iwan berichtet hatte, für die anderen Soldaten, die das Evangelium gehört hatten. Dann wieder schwiegen alle, und Iwan, der so glücklich war, wieder zu Hause zu sein, berichtete weiter von den Taten Gottes.

Es dämmerte schon, als sich die Moissejews auf den Heimweg machten. Jeder Baum, jeder Pfad, jeder Zaun, an dem sie vorbeikamen, war Iwan schmerzhaft vertraut. In der Ferne konnte er das Haus seines Bruders erkennen und den kleinen Wald, in dem er im Sommer immer Pilze gesucht hatte.

Sein Vater, der schweigend neben ihm ging, wollte diese Erinnerungen nicht stören, die sich so deutlich auf dem Gesicht seines Sohnes abzeichneten.

»Alles ist so schön.« Iwans Stimme war leise, als wollte er die besondere Stimmung dieses Abends nicht stören. Plötzlich stand er still und packte seinen Vater am Arm. Seine Augen waren feucht. »Es ist schwer, Papa. Ich möchte, daß du es weißt. Ich werde das Moldauland nie wiedersehen.«

Tonbandgeräte und Mikrophone waren etwas Unbekanntes im Holzhaus der Moissejews, genauso unbekannt wie sie am Hof von Petersburg in den Tagen der Zaren gewesen waren. Doch Bruder Scheluak aus Slabodzeja hatte sein Gerät an Iwans letztem Abend mitgebracht, denn er hatte einen Plan. Jahrelang hatte er schon die christlichen Radiosendungen, die er mit seinem Kurzwellenradio empfing, aufgenommen und sie seiner Familie und den Gläubigen nach den Gottesdiensten vorgespielt. Es würde ganz einfach sein, auch Iwans Bericht von seinen Erlebnissen bei der Armee aufzunehmen. Warum sollten die wenigen Gläubigen im Bezirk Suworow die einzigen sein, die von den wunderbaren Taten des Herrn hörten, die er für Iwan in der Armee gewirkt hatte? Ein Band konnte besprochen werden und von den Predigern durch die ganze Moldaurepublik mitgenommen und in einer Versammlung nach der anderen abgespielt werden. Was für eine Verherrlichung Gottes, und was für eine Ermutigung für die Brüder!

Es waren schwere Monate für Joanna Konstantinowna gewesen, in denen sie in den Briefen ihres Sohnes zwischen den Zeilen so manches gelesen hatte. Wassilij hatte gehofft, daß das Wiedersehen mit Iwan sie beruhigen würde. Aber seit Iwans Heimkehr hatte Joanna kaum geschlafen. Sie blickte so voller Besorgnis auf ihren Sohn, daß er lachte.

»Mama, ich glaube, du wirst die ganze Rote Armee meinetwegen zum Kampf herausfordern«, neckte er sie, und fügte dann hinzu: »Diese Dinge liegen in Gottes Hand. Du mußt beten, gewiß, aber wir dürfen uns nicht auswählen, was kommen soll. Was Gott will, soll geschehen. Unsere Sorge hat es nur zu sein, daß wir uns seiner würdig erweisen.«

Aber er war doch ihr Sohn!

12. Im Land der Nackten schämen sich die Bekleideten

Malsin schritt ruhelos in seiner kleinen Wohnung auf und ab, er ging von Fenster zu Fenster, blickte auf die belebte Kertschstraße hinunter und hielt Ausschau nach seiner Frau.

»Mama ist bestimmt bald zu Hause«, versuchte Malsins zehnjähriger Sohn den Vater zu beruhigen. »Vielleicht kauft sie unterwegs noch einiges ein.«

Malsin nickte und warf sich in einen Stuhl.

Es ging jetzt besser voran mit dem Fall Moissejew. Er war befriedigt. Doch Galina sollte hier sein. Er wollte ihr erzählen, wie gut es schließlich doch gewesen war, daß Moissejew Heimaturlaub bekommen hatte. Das hatte Malsin Zeit gegeben, nachzudenken, einen Schlachtplan zu entwerfen, sich mit der Polit-Erziehungsstelle des Distrikts abzusprechen und die Lage mit aller Klarheit zu erkennen.

Galina Iwanowna stieß die Wohnungstür mit dem Fuß auf, schwang das Netz voller Rotebeete auf den Küchentisch und ließ einen Armvoll kleiner Pakete danebenfallen. Sie warf einen besorgten Blick auf ihren Mann.

»Möchtest du Tee?« Automatisch griff sie nach dem Kessel.

Malsin suchte in seiner Tasche nach einer Zigarette. »Ja, gern!« Er inhalierte tief. »Freu dich mit mir – ich sehe in der Angelegenheit Moissejew klarer.«

Mit außerordentlicher Sorgfalt setzte Galina den Kessel auf die Gasflamme. Sie zwang sich, ruhig zu bleiben und setzte sich auf den Stuhl ihrem Mann gegenüber. Die Rotebeete und die anderen Einkäufe bildeten eine Wand zwischen ihnen.

»Wir waren übereingekommen, über die Sache nicht mehr zu sprechen.«

»Ja, weil ich nicht wußte, wie ich vorgehen sollte. Nun kam ich auf die Idee, alle Fragen, die seinen Fall betreffen, bis zur letzten Einzelheit auszuarbeiten. So war es schließlich doch eine gute Sache, daß er auf Urlaub nach Hause ging. Seine Abwesenheit gab mir die notwendige Frist. Ich habe mit äußerster Präzision einen Kriegsplan ausgearbeitet.«

»Einen Kriegsplan?« Galina goß langsam das kochende Wasser in den kleinen Samowar, den sie vor Jahren als Hochzeitsgeschenk bekommen hatten. Wie sehr hatten sie sich beide seither verändert!

Malsin schob die Päckchen zur Seite, um die Teetasse abzusetzen, die seine Frau ihm reichte. »Natürlich hat dir die Geschichte auf der Seele gelegen, Galina, und dich nervös gemacht. Monatelang hat es drohend über uns gehangen. Ich weiß auch, daß du nicht gut geschlafen hast, ich habe überhaupt kaum geschlafen. Es ist ein Wunder, daß ich nicht eine Erklärung vor dem Spez-Otdel* abgeben mußte für all die Zwischenfälle, die vorgekommen sind. Es scheint kein Ende all der Tricks zu geben, die diesem Rasputin mit dem unschuldigen Gesicht einfallen.«

»Ein Wunder«, wiederholte sie.

Malsin wurde unsicher durch die Art, wie sie ihn ansah und seine Worte wiederholte. »Ich dachte, die Kommunistische Partei glaubt nicht an Wunder. Du hast einen seltsamen Wortschatz.«

»Ich versuche daran zu denken, daß diese Sache auch eine große Belastung für dich war. Ich kam nach Hause, um dir zu erzählen, daß die Schwierigkeiten mit Moissejew bald gelöst sein werden. Ich habe entscheidende Schritte unternommen. Heute morgen kam er nach Kertsch zurück. Er ist schon verhaftet worden. Ich dachte, es würde dich beruhigen, zu erfahren, daß gemeinsam mit den Sicherheitsagenten ein Verfahren gegen ihn eingeleitet worden ist.«

»Ich will nichts über das Verfahren wissen. Ich will nichts über Moissejew wissen. Wie oft habe ich dir gesagt, daß du nicht von ihm sprechen sollst.«

Malsin überhörte die Worte seiner Frau und fuhr fort: »Das Problem ist, daß Moissejew bereit ist, ins Gefängnis zu gehen. Er ist so verloren im Labyrinth seiner Einbildungen, daß es ihm ganz gleich ist, wo er sich befindet. Ein Platz ist für ihn so gut wie der andere, für seine antisowjetische Tätigkeit, seine baptistischen Predigten, seine ›Wunder‹! Was für ein Sieg für die Rote Armee, daß sie einen solchen Prediger ins Konzentrationslager liefert! Jeder Mensch hat einen Punkt, an dem sein Widerstand gebrochen werden kann. Auch Moissejew. Und wir sind entschlossen, an diesen Punkt zu gelangen.«

Der Zorn dämpfte Galina Iwanownas Stimme zu einem heiseren Flüstern: »Ich habe gesagt, du sollst mir nichts davon erzählen. Ich habe dir gesagt, daß ich das nicht aushalte.«

In einem Anfall von Wut nahm Malsin seine Aktentasche, trat auf den Flur der Wohnung und knallte die Tür zu. Mit eisiger Ruhe trat er langsam in den Sonnenschein hinaus.

* Besondere Abteilung oder KGB

Trotz der warmen Jahreszeit war die Zelle kalt. Hoch oben an der Wand in der Nähe der Decke war ein kleines Fenster, durch das Iwan ein Stückchen vom Himmel sehen konnte, dem Himmel über der Stadt Simferopol. Stundenlang hatte er da hinaufgestarrt. Schließlich wandte er die Augen von dem Stückchen Blau ab und versuchte zu beten. Ein Gefühl der Schwerelosigkeit, der Körperlosigkeit überfiel ihn. Ihm war, als hätte das wirkliche Leben aufgehört, als schwebte er in der Zelle und sei alles, was sich draußen abspielte, unwirklich. Ob er sich einbildete, daß er vielleicht sterben würde? Hatte Malsin es tatsächlich ernst gemeint, als er sagte, daß er weder zu einer Gefängnisstrafe verurteilt noch aus der Armee entlassen werden würde, wenn er sich weigerte, seine Überzeugung zu ändern? Sicher hatte er ihn mißverstanden. Die russische Sprache war schwierig. Möglicherweise verstand er nicht immer alles richtig.

Mehr als den Tod hatte er die Möglichkeit gefürchtet, daß er Christus verleugnen würde, die Liebe zu Gott, die seinen Körper viele Male mit lebenspendender Wärme erfüllt hatte. Er hatte nur eine ungenaue Vorstellung davon, was man einem Menschen in verriegelten Spezialzellen antun konnte, damit er widerrief, lästerte, bejahte, was er bisher verabscheut hatte. Es war seine eigene Schwachheit, die er fürchtete.

Da war irgend etwas wie ein lauernder Schatten, das seine Zelle durchdrang. Es war unmöglich, den einen quälenden Gedanken loszuwerden, der in tausendfachen Abwandlungen wiederkehrte: Würde am Ende sein Tod gar nichts bewirken? War sein Leben, wenn es zum Sterben kam, wenn es durch Gottes Kraft möglich war, daß er widerstand – war dann sein Leben nur ausgelöscht? Weiter nichts? Dieser ungeheure Verlust drohte ihn zu zerreißen. Früher einmal hatte sich seine Zukunft voll von allem Guten und aller Gnade vor ihm ausgebreitet, durch alle Tage seines Lebens: Bilder seiner Familie, seines Heims, seiner Freunde, seines Landes bedrängten ihn. Er begann an die Braut zu denken, die er nun niemals heimführen würde. Gesichter von kleinen Kindern schwebten in der Zelle.

»Ich werde verrückt!« Man sagte ja, daß der Glaube verrückt mache. Verzweifelt versuchte sich Iwan mit Bibelversen abzulenken.

»Hilf mir, o Gott! denn die Wasser gehen mir bis zur Seele. Ich bin versunken in tiefen Schlamm, wo kein Grund ist, ich bin in Wassertiefen geraten, und die Flut schwillt über mich her. Ich bin müde von meinem Rufen, vertrocknet ist meine Kehle. O Gott, du weißt um meine Torheit, und was ich verschuldet habe, ist dir nicht verborgen. Laß nicht in mir zuschanden werden, die auf dich hoffen, Herr der Heerscharen! Laß nicht in mir beschämt werden, die auf dich hoffen, Herr der Heerscharen.«

Das Gesicht Prochorows, des armenischen Feldwebels, huschte durch seine Erinnerung. Wieder sah er das glückliche Lächeln, mit dem ihn Prochorow bei seiner Rückkehr vom Ernteeinsatz begrüßt hatte. Wieder und wieder hatte er Iwan umarmt, ihn auf beide Wangen geküßt, ihn »mein Bruder« genannt. Voller Freude hatte er sein Versprechen gehalten. Er glaubte, ja, er glaubte!

Die Erinnerung daran linderte Iwans Schmerz. Still saß er jetzt auf der Metallpritsche in seiner Zelle. Viele waren zum Glauben gekommen. Er schreckte vor der Feuerprobe zurück, die vor ihm lag; aber würde Gott nicht treu sein? »Standhaft! Sei nur standhaft!« sagte sich Iwan laut vor. »Wenn Christus befiehlt, gehst du voran!«

Der Untersuchungsrichter im Militärgefängnis von Simferopol hatte dieselben verwirrenden und vertrauten Anklagen vorgebracht, die Iwan so viele Male zuvor von den Offizieren im Politbüro in Kertsch gehört hatte. Unter Artikel 142 wurde er beschuldigt, das Gesetz verletzt zu haben, weil er zu einer nicht registrierten baptistischen Gemeinde in der Moldaurepublik gehörte. In Kertsch hatte er nicht registrierte Versammlungen besucht in Stunden, die die Armee zum Ausruhen und zur Erhohlung bestimmt hatte. Gemäß Artikel 190, Paragraph 1, des Strafgesetzbuches war er der Verbreitung von Literatur angeklagt, die falsche, den Sowjetstaat verleumdende Behauptungen enthielt. Ein Brief an seine Eltern wurde vorgelegt, der eine Anspielung enthielt, daß er für Christus leide.

»Die Gewissensfreiheit wird jedem Bürger der Sowjetunion garantiert. Sie haben die Sowjetunion und die Rote Armee absichtlich mit Schmutz beworfen.« Der verhörende Offizier hatte ein Papier in die Hand genommen und begann, ein paar Zeilen vorzulesen:

»Dekret von Lenin, Punkt 5: Freie Religionsausübung ist insoweit garantiert, als sie nicht die öffentliche Ordnung stört und nicht die Rechte anderer Bürger der Sowjetrepublik beschneidet.« Er warf Iwan einen bedeutungsvollen Blick zu, ehe er weitersprach: »Genosse Moissejew, Sie haben wiederholt die Rechte Ihrer Kameraden beschnitten, sowohl in ihrer Einheit als auch in anderen Einheiten, mit denen Sie Kontakt hatten. Ihr ständiges Beten und Predigen sind unerträglich für ihre Umgebung. Ihnen ist wiederholt befohlen worden, von dieser Belästigung anderer Abstand zu nehmen, aber Sie haben sich geweigert. Ihre religiösen Übungen auf dem Grund und Boden von Staatseigentum haben die Bestimmungen über die Trennung von Kirche und Staat verletzt. Sie sind bereits verurteilt, nicht durch diesen Gerichtshof, sondern durch Ihr eigenes Betragen. Trotzdem geben wir Ihnen heute noch einmal eine Möglichkeit, den Spruch dieses Gerichts zu akzeptieren, Ihre antisowjetische Tätigkeit zu bekennen und Ihrem Sinneswandel öffentlich Ausdruck zu geben. Man wird Ihnen drei Tage geben, um darüber nachzudenken.«

Von Simferopol war er für diese drei Tage nach Kertsch zurückgebracht worden, dann kam er in das Militärgefängnis von Simferopol. Wieder begannen die Verhöre, Major Gidenko und Hauptmann Jarmak lasen die Liste der Anschuldigungen vor und brüllten ihn an, daß er in Kertsch seine sieben Jahre Gefängnishaft absitzen würde. Iwan fand es unbequem auf der Anklagebank. Gidenko gab ihm noch einmal drei Tage Bedenkzeit. Warum zögerte das Gericht, ihn zu verurteilen? Er hatte wiederholt geäußert, daß er bereit wäre, die Gefängnisstrafe anzunehmen.

Malsin gähnte. Es war eine lange Sitzung mit Gidenko gewesen, und er war die ganze Zeit über dageblieben. Seit seinem Streit mit Galina war er noch nicht wieder in der Wohnung gewesen. Er spielte mit dem Gedanken, nach Hause zu gehen, verwarf ihn dann aber wieder. Der Fall Moissejew erforderte seine ganze Aufmerksamkeit. Der Plan, den sie ausgearbeitet hatten, mußte diesmal mit absoluter Präzision und ohne die unglaublichen Schnitzer durchgeführt werden, die diesen Fall von Anfang an schwierig gemacht hatten. Jetzt hatte er die Angelegenheit weitgehend in der Hand. Er würde sich jetzt keinesfalls zurückziehen.

Mit einem Gefühl der Befriedigung überdachte Malsin den Erfolg der letzten Tage. Moissejew war in Simferopol Kommissar Dolotow vorgeführt und unter Anklage gestellt worden. Da Moissejew sich für nicht schuldig erklärt hatte, war er zum Politbüro in Kertsch zurückgebracht und durch seine eigenen Offiziere verhört worden. Wieder hatte man ihm eine Frist gegeben. Wenn er sich nicht unterwarf (und Malsin war dessen sicher), würde man ihn zur weiteren Untersuchung ins Distrikt-Politbüro nach Odessa schicken, ehe er wieder nach Simferopol gebracht wurde für das, was Malsin den »endgültigen Abschluß« nannte. Es war ziemlich unwichtig, daß die Verhöre und Drohungen sich bis jetzt als wirkungslos erwiesen hatten. Malsin konnte es gleich sein, an welchem Punkt Moissejew zusammenbrach. Aber zusammenbrechen würde er. In kurzer Zeit würde er der Spezialbehandlung in Simferopol unterzogen werden.

Langsam wurde es schwierig für Iwan, sich zu besinnen, welcher Tag heute war. Es war so viel Hin und Her gewesen zwischen den verschiedenen Gefängnissen und Verhören und dem Standort in Kertsch, daß er jedes Zeitgefühl verloren hatte. Wieder einmal stand er schwankend und mit bleichem

Gesicht in der Anklagebank von Simferopol. Die leichte Sonnenbräune, mit der er aus der Moldaurepublik zurückkehrte, war bereits der Blässe des Gefangenen gewichen. Er war hungrig. Er war von den Wachen mißhandelt worden. Und er hatte in den vergangenen zwei Wochen kaum geschlafen. Die Offiziere sahen ihn teilnahmslos an und warteten darauf, was er zu erwidern hatte. Seine Stimme war heiser vor Erschöpfung, aber er versuchte, sich klar in dem immer noch unvertrauten Russisch auszudrücken.

»Ich plädiere auf nicht schuldig gegenüber den gegen mich erhobenen Anklagen, und ich bitte darum, zum Gerichtshof sprechen zu dürfen.«

Kommissar Dolotows trauriges Gesicht nickte zustimmend.

»Als ich zur Armee eingezogen wurde«, sagte Iwan, »leistete ich den Treueeid, und ich habe niemals versucht, dies Versprechen der Treue und des Gehorsams gegenüber der Armee zu brechen. Doch ich erhielt Befehle, denen ich unmöglich gehorchen konnte und die meiner Meinung nach ungehörig waren und die in der Verfassung garantierte Gewissensfreiheit verletzen. Ich gehorchte diesen Befehlen nicht, nicht etwa, weil ich der Roten Armee nicht ergeben wäre, sondern weil sie ungerecht waren. Vor allem aber, weil ich eine höhere Verpflichtung habe, nämlich die gegenüber Jesus Christus. Auch er hat mir gewisse Befehle gegeben, und diesen muß ich gehorchen.«

Dolotow sprach ruhig und aufmerksam: »Sie haben besondere Befehle von Jesus Christus erhalten?«

»Nicht mehr als jeder andere Christ! Wir sollen bekennen, was für große Dinge der Herr für uns getan hat, und Zeugen seiner Herrlichkeit sein, wo wir uns auch befinden. Genosse Kommissar, ich habe andere niemals mit der Predigt des Evangeliums belästigt. Nur wenn jemand Interesse zeigte, habe ich von der Liebe Gottes gesprochen, von seiner Fürsorge für mich und alle, die ihn lieben. Ich betrachte es nicht als Verbrechen, einem Hungrigen Brot zu geben. Vieles von dem, was mir und anderen geschehen ist, muß man Wunder nennen. In unseren Tagen behaupten viele, daß es keinen Gott gibt, und doch tut er Wunder, weil er alle Menschen liebt und alle retten möchte. Die einzige religiöse Praktik, die ich im Standort ausgeübt habe, ist das Gebet. Und welches Gesetz verbietet einem Sowjetbürger das Beten? Sie sagen mir, daß ich nicht über meinen Glauben sprechen darf, aber die Liebe Gottes kann man einfach nicht verbergen. Es steht geschrieben: ›Wenn ich sage, ich will nicht mehr an ihn denken oder noch weiter in seinem Namen sprechen, dann wird es in meinem Herzen wie ein verzehrendes Feuer und wie ein Brand, der in meinen Knochen eingeschlossen ist; und ich kann es nicht mehr in mir verschließen.‹ Ich bitte das Gericht nicht um Gnade, weil Gott allein Gnade gewähren kann. Ich bin bereit, eine Gefängnisstrafe mit Freuden anzunehmen. Man hat mir gesagt, daß mein Urteil auf sieben Jahre laufen würde. Also geben Sie sie mir! Eine weitere Bedenkzeit hat keinen Sinn. Ich kann Gott nicht verleugnen, der mir so viel Glückseligkeit geschenkt hat. Ich kann ihn nur preisen.«

Ohne ein Wort nickte Dolotow dem Wächter zu, der Iwan hinausführte.

Malsin unterdrückte den Aufruhr, der sich in seinem Magen bemerkbar machte. Er mußte Geduld haben. Alles verlief ganz planmäßig, obwohl Moissejews Gelassenheit einen zur Weißglut bringen konnte. Malsin gab den Geheimdienstlern vom Spez-Otdel, die an einem kleinen Tisch im Hintergrund des Raums als Beobachter gesessen hatten, ein Zeichen. Er trug einen Stuhl an ihren Tisch und setzte sich. Sein Lächeln war dünn, aber er bemühte sich freundlich zu sein.

»Es ist einfach eine Sache der Zeit, Genossen. In diesem Augenblick befindet er sich auf dem Weg zur Sicherheitseinheit des Gefängnisses. Und das wird dort so lange dauern, wie es nötig ist.«

13. Der Tod rafft nicht die Alten hinweg, sondern die, die reif sind

Mit wachsender Gewißheit wurde Iwan klar, was auf ihn wartete. Das Gericht hatte ihm wiederholt mit Gefängnisstrafe gedroht, wenn er seine Ansichten nicht änderte, und, wenn er sich weigerte, hatten sie die Frist immer wieder verlängert. So klar wie möglich hatte Iwan sich ausgedrückt, als er ihnen sagte: »Jesus Christus hat mir den Befehl gegeben, sein Wort an jedem Ort zu verkünden, an dem ich bin, auch in meiner militärischen Einheit, und zwar Offizieren und Soldaten. Diesem Befehl muß ich Folge leisten.« Und immer noch wurde kein Urteil ausgesprochen.

Zuerst hatte Iwan angenommen, daß man die Wirkung auf die Männer seiner Einheit in Betracht zog, falls man ihn ins Gefängnis schickte. Viele Soldaten waren gläubig geworden. Und die Zahl derer, die erklärten, daß Gott existierte und daß sie Zeuge von Wundern geworden seien, war noch größer. In seiner eigenen Einheit stand jetzt Sergej im Mittelpunkt der Aufmerksamkeit. Soldaten suchten ihn häufig auf, um ihm Fragen zu stellen, mit ihm zu beten und Schriftabschnitte zu lesen. Iwan seufzte. Die Sehnsucht, Sergej zu sehen, quälte ihn. Wiederholt hatte er darum gebeten, daß Sergej die Erlaubnis bekäme, ihn zu besuchen, aber seine Gefängniswärter und seine Zellen wechselten so häufig, daß Iwan nicht sicher war, ob sein Gesuch weitergegeben worden war. Sergej und viele andere Soldaten würden für ihn beten, das wußte Iwan. Aber die Behörden würden sich nicht vor ihrer Reaktion fürchten. Es war sogar üblich, daß nach einer Urteilsverkündung eine ganze Welle von Verhaftungen erfolgte.

Er wußte es vom Herrn, daß ihm Kampf verordnet war. Und er war bereit. Die Tage seit seiner Rückkehr vom Urlaub waren ein einziger Kampf gewesen. Das Wasser stand in Pfützen auf dem Boden seiner Zelle. Die Luft war stinkig und verbraucht. Zum Frühstück bekam er kein Brot. Er kämpfte gegen seine Angst, gegen seine Sehnsucht nach einem normalen Leben, seinen Schrecken vor dem Unbekannten. Er erduldete die Belastung durch Drohungen, Befragungen, Verhöre, die ihm gesetzten Fristen, die dauernde Verlegung von einem Gefängnis in das andere, von einer Zelle in die andere. Er legte Zeugnis ab vor den Aufsehern, vor denen, die ihn verhörten. Aber zutiefst in seinem Inneren wußte er, daß der bevorstehende »Kampf« nicht in einer Gefängnishaft bestand.

Die jetzige Zelle war feucht und hatte keine Pritsche. Sie erinnerte ihn schmerzlich an die Zelle in Swerdlowsk, in der er vor einem Jahr zusammengekrümmt tagelang zubringen mußte. Er schauderte, wenn er sich an die Reihenfolge der Zellen erinnerte. Sie glichen einem Alptraum: Die Kammer, in der das Eiswasser von der Decke tropfte, und danach die Gefrierzelle und danach die Todesqual in dem Druckanzug. Während ihm der Kampf Christi wieder und wieder durch den Kopf ging, ließ ihn ein überwältigendes Gefühl von der Gegenwart Gottes erzittern. Sanft durchdrang ihn die Freude, wärmte ihn, brannte in ihm, ließ ihn in dem Wasser auf die Knie sinken. »Sei guten Mutes. Ich bin bei dir. Ich habe die Welt überwunden.«

Jesus hatte die Welt überwunden. Auch Iwan würde sie überwinden. Sein banges Fragen hatte aufgehört. Er würde zu keiner Gefängnisstrafe verurteilt, er würde auch nicht aus der Armee entlassen werden. Tränen überströmten sein Gesicht. Er beugte sich in dem beengten Raum, so tief er konnte, und weinte und betete an.

Ein Aufseher, der die Runde machte, blickte aufmerksam in die Zelle. Dies war etwas, was er dem Gericht melden konnte. Mit einem Bleistiftstummel trug er in in sein Buch ein: »Moissejew liegt im Wasser und weint.« Der Aufseher hoffte, daß dies ein gutes Zeichen sein würde. Vielleicht würde der junge Soldat nun bald zusammenbrechen.

Es war eine häßliche Sache, dieses in die Länge ziehen. Sie gaben dem Ganzen einen modischen Namen, und trotzdem handelte es sich ganz einfach um Folterung.

Zehn Tage lang erduldete Iwan Todesqualen, am Ende betete er im Delirium um den Tod und die Befreiung, die der Herr ihm versprochen hatte. Schließlich weigerte sich das Gericht, damit weiterzumachen. Malsin war außer sich vor Wut, als er den Bericht las:

»Wir sind zu dem Schluß gekommen, daß alle Überredungskünste nutzlos sind. Dieser Gefangene kann sehr schnell verurteilt und fortgeschickt werden. Eine Fortsetzung der Anstrengungen würde unvorhergesehene Ergebnisse zeitigen.« Mit anderen Worten, wenn die Folterung fortgesetzt würde, dann müßte der KGB und nicht der Gerichtshof in Simferopol für die »Ergebnisse« die Verantwortung übernehmen. Aber dies war gar nicht plangemäß!

Malsin hatte furchtbare Kopfschmerzen. Es war nicht seine Absicht gewesen, mit dem ungebrochenen Moissejew zum Stützpunkt zurückzukehren.

Die Kaffeestube im Gefängnis war ein schmutziger Platz, die wenigen Tische waren beschmiert, und ein bitterer Geruch von verwahrloster Kleidung hing im Raum. Malsin sehnte sich nach Wodka, als er seinen dicken Kaffee mit einem Blechlöffel umrührte. Der KGB wollte die Behandlung fortsetzen und Moissejew in der Zweigstelle in Kertsch bearbeiten. Vielleicht war es nach allem das beste, die Sache den Geheimdienstlern zu übergeben. Ein Militärgericht fühlte sich noch in etwa dem Gesetz verpflichtet, was bei der Sicherheitspolizei ganz wegfiel. Der KGB hatte die Erlaubnis, rein administrativ vorzugehen, die Gerichtshöfe zu übergehen und Schlupflöcher in den Maschen des Gesetzes zu schließen, wenn dies für die Sicherheit der arbeitenden Bevölkerung notwendig war.

Malsin erhob sich schwerfällig. Er hatte tödliche Kopfschmerzen.

Es dauerte ein paar Tage, bis Moissejew sich soweit erholt hatte, daß er nach Kertsch zurückkehren konnte, wo er in einem besonderen Quartier untergebracht wurde. Malsin war bemüht, daß alles so normal wie möglich aussah. Es durfte keine Zwischenfälle mit den Soldaten geben. Malsin legte sich seinen neuen Plan äußerst sorgfältig zurecht und konzentrierte sich ganz darauf, trotz der Kopfschmerzen, die nicht weichen wollten.

Mitten in der Nacht fiel ihm ein, wann diese Kopfschmerzen begonnen hatten. Der Untersuchungsrichter, der das Verhör in Simferopol leitete, hatte Iwans Fuß in ein Gefrierfach eingeschlossen. Das war ganz überflüssig gewesen. Malsin mißbilligte solche Prozeduren, die doch nichts weiter als eine Warnung darstellten. Man hätte Moissejew sofort in die Gefrierzelle sperren sollen. Schon der Schock allein wäre genauso wirksam gewesen wie die eisige Temperatur, besonders bei seiner schon geschwächten Konstitution. Doch dieser Vorfall mit dem Fuß hatte gezeigt, daß seine Vermutungen über Moissejews ungewöhnliche Kälteunempfindlichkeit richtig gewesen waren. Wo jeder normale Mensch vor Schmerzen geschrien hätte, setzte Moissejew sein verrückt machendes Beten fort und behauptete, nur etwas Schmerzen zu haben. Es war klar, daß sein Fuß erfroren sein mußte. Malsin langte nach dem Wodka auf seinem Nachttisch und berichtigte sich selbst. Es war klar, daß der Fuß jedes normalen Menschen erfroren sein mußte. Der Untersuchungsrichter bestand darauf, daß er erfroren war und die Anlage vollkommen in Ordnung sei. Trotz seines sehr geschwächten Zustands hatte Moissejew den Vorfall als ein weiteres von seinen ›Wundern‹ ausgegeben. Gott hatte natürlich seinen Fuß als Antwort auf sein Gebet geheilt.

Der Ausdruck der Furcht, der sich dabei auf dem Gesicht des Untersuchungsrichters abzeichnete, hatte diese höllischen Kopfschmerzen verursacht. Er trank schnell, um die größtmögliche Wirkung von dem Alkohol zu haben. Es machte nichts aus. Sein Kopf zersprang fast vor Schmerzen.

Er hatte Moissejew jetzt eine letzte Frist gegeben. Und morgen lief sie ab. Im Dunkeln goß er sich das Glas wieder voll. Bald würde er zu Galina und dem kleinen Sascha nach Hause gehen. Die ganze unangenehme Sache würde vorüber sein. Galina würde glücklich sein. Er fiel in einen unruhigen Schlaf, in dem er sich dumpf der pochenden Schmerzen bewußt war, die im Hintergrund seines Bewußtseins weiter durch seinen Kopf dröhnten.

Am nächsten Tag, dem 16. Juli, wurde er den ganzen Vormittag durch eine Delegation von Parteioffizieren aus Jugoslawien aufgehalten. Er hatte erwartet, daß einer der anderen höheren Offiziere sich ihrer annehmen würde, aber die Anweisungen aus Odessa hatten bestimmt, daß Oberstleutnant W. L. Malsin die Delegation in Kertsch empfangen und durch den Stützpunkt führen sollte. Es war verrückt, daß er militärische Ausbildungsmethoden, Lehrpläne für den politischen Unterricht und Urlaubsprobleme erläutern mußte, während die Morgenstunden dahingingen und Moissejew sich in Freiheit befand.

Heute war die Frist abgelaufen. Heute würde der äußerste Druck angewandt werden, bis Moissejew zusammenbrach. Malsin hatte große Schwierigkeiten, seine Aufmerksamkeit auf die Jugoslawen zu konzentrieren. Er konnte kaum das Triumphgefühl unterdrücken, das ihn erfüllte, wenn er daran dachte, wie Moissejew vor dem überfüllten Hörsaal des Kulturpalastes im Stützpunkt stehen und demütig seine religiösen Anschauungen widerrufen und seine Verleumdungen gegen den Sowjetstaat bekennen würde. Sollten die Soldaten, die gläubig geworden waren, ihren Führer dann sehen! Vielleicht sollte Moissejew um Milde bitten und um die Gelegenheit, die Ansichten der Männer zu berichtigen, die er in seine irrigen Anschauungen verwickelt hatte. Das würde einen eindrucksvollen Bericht für Dolotow abgeben!

Gegen Mittag konnte er sich dann bei dem Abschiedszeremoniell für die jugoslawische Delegation wegen »dringender Geschäfte« entschuldigen. Die Beamten vom KGB hatten den ganzen Vormittag über in Malsins Büro gewartet. Er war erstaunt über ihre Ruhe. Nun, da die Zeit drängte, war er froh, daß er nur noch nach Plan arbeiten mußte. An jede Einzelheit hatte er gedacht. Die Geheimhaltung, die in Simferopol möglich gewesen war, würde auch in Kertsch gewahrt werden. Es würde keine Gerüchte oder Mutmaßungen bei den Soldaten in Moissejews Einheit geben.

Moissejew würde selbst zum Hauptquartier des KGB fahren, als führe er wie gewöhnlich zum Dienst als Chauffeur. Malsin und die Beamten vom KGB würden den Stützpunkt in einem Pobeda verlassen. Triumphgefühl erfüllte Malsin. Wenn man das Ziel im Auge behielt – die Gehirnwäsche bei den Menschen und den Aufbau eines reinen Sozialismus –, waren diese Maßnahmen manchmal notwendig. Und die KGB-Leute waren Experten auf diesem Gebiet. Mit einem Blick auf seine Uhr nahm Malsin den Telefonhörer ab, um die Wagen zu bestellen. In wenigen Minuten würden sie Moissejew in dem schalldichten Büro der Sicherheitspolizei haben. Heute würde er zusammenbrechen!

Irgendwie war Malsin nie der Gedanke gekommen, daß Moissejew es vorziehen würde zu sterben. Diese Möglichkeit war nicht in seine Pläne einkalkuliert. Der KGB machte sein Tod natürlich nichts aus. Sie hatten ihn als eine Möglichkeit mit einbezogen. Doch für Malsin wurde der Traum vom Sieg durch dieses brutale Ende ihrer »Arbeit« hinweggefegt.

Er hatte an diesem schwülen Nachmittag die ganze Zeit heftig geschwitzt. Jetzt zitterte er vor Kälte trotz der Julihitze. Sein Mund war trocken vor Angst. Sein Kopf explodierte beinahe. Ungläubig starrte er auf Moissejews bewegungslosen Körper auf dem Boden des schalldichten Raums. Man mußte Erklärungen erfinden, Berichte schreiben, die Eltern des Jungen benachrichtigen und den Soldaten seiner Einheit eine befriedigende Erklärung geben. Sergej, der Gläubige, konnte in Haft behalten werden. Aber wie sollte man den Soldaten Moissejews Tod erklären?

Die KGB-Männer säuberten den Raum schweigend. Malsin stand aufrecht und suchte sein Zittern zu unterdrücken, indem er die Arme vor der Brust kreuzte. Er wollte sich setzen, sich hinlegen, wenn er nur Zeit hätte, um zu überdenken, was denn eigentlich schief gegangen war, und auf das zu hören, was Moissejew gesagt hatte, ehe sein Stöhnen und seine Gebete verstummt waren. »Christus . . . liebt alle Sünder.« War es das, was er gesagt hatte?

Kleine Blutrinnsale sickerten noch aus den Stichwunden rund um sein Herz. Die KGB-Leute waren sicher, daß er noch nicht tot war und sein Tod als Unfall frisiert werden könnte. Sie behandelten Malsin wie einen Einfaltspinsel, schoben ihn aus dem Weg und wickelten Moissejew gewandt in eine Dekke. Gewiß konnte ein Arzt gegen dieses Kopfweh etwas tun. Malsin setzte sich und hielt seinen Kopf. Sollten sie Moissejew ertränken, wenn sie das wollten. Das Schwarze Meer war ja nahe genug. Malsin wußte, da war etwas, an das er sich erinnern mußte. Wenn nur der pochende Schmerz aufhören wollte! Es war etwas, was Moissejew gesagt hatte.

14. Die Aufrechten können nicht aufrechter werden

Von dem Augenblick an, da sie das Telegramm mit der Schreckensnachricht erhalten hatte, war Joanna Konstantinowa entschlossen, nicht zu weinen. Es war, als wenn eine Kanonenkugel sie durchbohrt und so wenig von ihr zurückgelassen hatte, daß die schwindende Kraft, die sie noch besaß, für immer vergehen würde, wenn sie den Tränen freien Lauf ließ. Sie schickte ein Kind nach den Feldern, auf denen ihr Mann arbeitete, und trieb es zu höchster Eile an. Ein anderer Sohn lief zum Direktor des Kollektivs, um ihm zu sagen, daß seine Mutter nicht zur Arbeit kommen würde. Joanna versuchte ihre Gedanken zu ordnen. Es mußte Verschiedenes getan, allerlei Absprachen getroffen werden, wenn sie Iwans Leiche beanspruchen wollten.

Während der langen, heißen Reise nach Kertsch waren ihre Augen trocken geblieben. Die Felder zu beiden Seiten des ratternden Zuges lagen im gelben Glanz der brennenden Sonne. Sie wunderte sich, daß Semjon so lange in die schimmernde Landschaft hinausstarren konnte.

Es war schon richtig, daß ihr ältester Sohn Semjon mitgekommen war, um bei den Vorbereitungen zu helfen; und doch wünschte Joanna, er wäre zu Hause geblieben. Es war bedrückend, daß sie nicht offen mit ihrem Mann sprechen konnte. Semjon glaubte dem Telegramm einfach, malte sich Einzelheiten des Ertrinkens aus und stellte immer wieder dieselben peinlichen Fragen, während er auf die vorbeifliegende Landschaft starrte: »Wie konnte er ertrinken, wenn doch Kameraden anwesend waren? Warum konnte man nicht Wiederbelebungsversuche machen? Warum mußte so etwas Sinnloses überhaupt passieren?«

In solchen Augenblicken sah Joanna ihren Mann in hoffnungslosem Ärger an. Was für eine Gelegenheit hätte denn ein Dorfjunge von Wolontirowka überhaupt gehabt, um schwimmen zu lernen? Die ganze Familie wußte, daß Iwan nicht schwimmen konnte. Selbst wenn Wanja keine Briefe geschrieben hätte, wenn er niemals auf Urlaub nach Hause gekommen wäre und erzählt hätte, was wirklich vor sich ging, hätten sie immer noch gemerkt, daß bei dem Unfall durch Ertrinken etwas nicht stimmte.

Joanna war von der Größe der Stadt Kertsch überrascht, von den Straßen am Hafen, die mit Matrosen und Soldaten bevölkert waren, vom Fischgeruch und dem Schreien der Möwen, das sich in den Verkehrslärm mischte und die Luft der Stadt erfüllte. Ihr schmales Gesicht war rot angelaufen von der Julihitze, für die sie mit ihrem schwarzen Kleid und ihrem schwarzen Kopftuch zu warm angezogen war. Ihr Mann und ihr Sohn bewegten sich leicht durch die belebten Straßen, ein Eisverkäufer beschrieb ihnen den Weg zur Bushaltestelle, von wo aus sie zum Militär-Stützpunkt fahren konnten.

Sie hatten nicht erwartet, daß sie Oberst Malsin selbst sprechen würden. Sie klammerte sich fest an den Arm ihres Mannes, ihr Gemüt befand sich in einem einzigen Aufruhr, als er mit ihnen redete. Sicher würden die Moissejews gern etwas Tee zu sich nehmen. Es müßten noch einige amtliche Dinge erledigt werden, aber ihr Sohn Semjon würde sich in dieser Situation als hilfreich erweisen. Die Armee wünsche, die trauernden Eltern so wenig wie möglich zu belasten. Es war ja ein schlimmer Schock für sie gewesen.

Auch für den Oberst schien es ein schrecklicher Schock gewesen zu sein. Joanna bemerkte mit Erstaunen, daß seine Hände zitterten und sein Gesicht niedergeschlagen wirkte. Er schüttelte Semjon die Hand und schien sich ungeheuer anzustrengen, um äußerst höflich zu sein. Semjon war Mitglied des Komsomols im Suworowskij-Bezirk des Moldaulandes. Ausgezeichnet! Ein Sohn, auf den sie stolz sein konnten! Er konnte bei dem militärischen Behördenkram helfen und so seinen Eltern erlauben, sich nach der langen Reise auszuruhen. Malsin ging ein paar Schritte mit Semjon auf sein Büro zu. Dann kam er zurück und stand zögernd vor den Eltern. Ein seltsamer Augenblick verging, ehe er auf ein paar Stühle in seinem Vorzimmer wies. Schnell begreifend setzte sich Joanna neben ihren Mann. Malsins Stimme war heiser vom Rauchen und von der Erschöpfung.

Joanna hatte Schwierigkeiten, ihn zu hören und sein Russisch zu verstehen. Eine brennende Zigarette verglühte in seiner Hand. »Genosse Wassilij und Joanna Moissejew, da ist etwas, was Sie wissen müssen.« Er sprach jetzt noch leiser und zögernder. »Ich war dabei, als ihr Sohn starb. Er hatte einen harten Todeskampf. Er war wirklich hart, aber er starb als Christ.« Das Wort schwebte in dem stickigen Vorzimmer. Joanna starrte den Oberst ganz verwirrt an. Hatte sie richtig verstanden? Es war einfach unglaublich, daß ein Offizier der Roten Armee so etwas sagte. Die ruhige Stimme ihres Mannes unterbrach das Schweigen: »Vielen Dank, daß Sie uns das sagen. Das stand für uns außer Frage. Der Herr ist treu bis zum Tod.«

Malsin wandte sich ab und ging voller Unbehagen in sein Büro. Was war nur los mit ihm? Warum fühlte er sich verpflichtet, über Moissejew zu sprechen? Der war ertrunken. Das war das Wesentliche, das man nicht vergessen durfte. Er mußte sich darauf konzentrieren. Mit Galina würde er alles besprechen, wenn er nach Hause ging. Er schloß die Tür zu seinem Büro und sah Semjon an. Da der ein Mitglied der jungkommunistischen Liga war, gab es keine Frage, welcher Seite er sich ergeben zeigen würde. Man mußte ihm seine Verantwortung klarmachen. Malsin tat einen tiefen Atemzug und zündete sich eine neue Zigarette an.

Als sie nach Wolontirowka zurückfuhren, war Joanna nicht überrascht, daß Semjon kein einziges Wort über seine lange Unterredung mit Malsin sagte. Die Lampen im Wagen verwandelten die Zugfenster in Spiegel, und Joanna starrte auf das Bild ihres Sohnes, das die Scheibe zurückwarf. Der schmale, zunehmende Sommermond erschien über seinem Kopf wie eine Sichel. Der Wagen war vollbesetzt mit müden Urlaubern, die im Schlaf mit dem Kopf nickten oder Wurstscheiben und Käsestücke aus ihren Bündeln aßen. Doch Semjon saß aufrecht und blickte auf den schwarzen Schirm der Nacht, der sich vor das Fenster gesenkt hatte. Selbst das Haar fiel ihm wie steinern ins Gesicht. Sie konnte nicht die leiseste Regung an ihm wahrnehmen.

Ein einziges Mal während der Nacht hatte er sich vom Fenster abgewandt und seine Eltern mit einem langen Blick angesehen. Seine Augen ruhten auf seinem Vater, der im Gebet vorgebeugt auf seinem Sitz saß. Ohne zu sprechen, sah er dann seine Mutter an und kehrte sich schweigend wieder dem Fenster zu. Etwas an diesem Anblick war wie das Schließen einer Tür. In diesem Augenblick fing Joanna endlich an zu weinen. Auf eine Art, die sie nicht verstand, hatte sie auch Semjon verloren.

Sie würden seine Leiche im offenen Sarg durch das Dorf tragen, wie es Sitte war. Joanna Konstantinowna weinte, als die Männer Iwan für die Beerdigung vorbereiteten. Der unvertraute Geruch von Blitzlicht hing in der heißen Luft, während die Ältesten schweigend ihre Arbeit taten und sich gegen das starre Gewicht der Leiche stemmten, während sie ihr dörfliche Kleidung anlegten. Was für einen Sinn hatte es, eine Aufnahme von dem zu machen, was man ihm bei der Armee angetan hatte?

Joanna schloß die schmerzenden Augen. Im Zimmer sammelten die Brüder jetzt die Stücke von Iwans Uniform auf und bedeuteten den Schwestern, die Blumen für das Innere des Sarges zu bringen. Unwillkürlich öffnete sie die Augen wieder, als sie ein schlurfendes Geräusch vernahm. Ein Bogen Papier wurde gebracht. Ganz schwach erinnerte Joanna sich, daß Wassilij eine Erklärung vorbereitet hatte, die die Anwesenden unterzeichnen sollten. Er war entschlossen zu beweisen, daß der Zustand der Leiche nicht mit dem Totenschein in Einklang zu bringen war, den Offizier Platonow überbracht hatte. »Erstickungstod durch mechanische Ursachen«, hieß es da. Die Verbrennungen, die Stichwunden, die Striemen der Schläge sollten vor der Beerdigung bezeugt werden. Aber wer würde das zu glauben wagen, selbst wenn die ganze Bevölkerung der Moldaurepublik unterzeichnet hätte? Wassilij beugte sich zu ihr herüber und nannte sie zärtlich beim Namen. Unter seinem Namen setzte sie ihren eigenen hinzu. Dumpf beobachtete sie, wie Wassilij mit dem Dokument herumging. Es gab so vieles, was gar keiner Erklärung bedurfte. Klugerweise drückte er die Feder nicht nur den anwesenden Gläubigen, sondern auch den Nachbarn und Dorfbewohnern in die Hand.

Scheinbar ohne daß jemand das Stichwort gegeben hätte, fingen die Gläubigen an zu singen. Joanna erhob sich schwankend, von den Schwestern gestützt, die neben ihr auf der kleinen Couch saßen. Das geistliche Lied »Ich bin ein Pilger« strömte durch die offenen Fenster auf die Straße und die duftenden sommerlichen Felder rings umher. Viele Dorfbewohner befanden sich im Inneren des winzigen Hauses. Weit mehr standen draußen und hörten durch die offenen Fenster und an den Hauswänden stehend zu. Es würde ein oder zwei Evangeliumsansprachen geben, das wußten sie. Vielleicht konnte Iwan selbst im Tod Menschen zum Herrn führen. Die meisten Leute im Dorf hatten niemals eine christliche Predigt gehört oder einer christlichen Beerdigung beigewohnt. Die Gläubigen fuhren fort zu singen, bis Bruder Tschapki mit aufgeschlagener Bibel sich den Weg zum Sarg bahnte. Die letzten Töne des Liedes verklangen, ehe er zu sprechen begann: »Gar wohlgefällig ist der Tod seiner Heiligen im Angesichte Gottes.«

Joanna setzte sich. Die Zeit schien stillzustehen. Sie wußte, daß vermutlich mehrere Brüder predigen würden, besonders weil so viele Ungläubige anwesend waren. Und die jungen Leute würden ihre Gedichte vorlesen. Seltsamerweise schien sich nichts von all dem ereignet zu haben, denn sie befanden sich jetzt auf der Straße und auf dem Weg zum Friedhof. Der Sonnenglanz blendete sie, als sie mit ihrem Mann hinter dem Sarg her schritt. Sollte die Welt sehen, was man ihrem Sohn angetan hatte! Sie war froh, daß die Plakate mit Schriftversen hoch getragen wurden, sie flatterten an den Stangen in den Hitzewellen, die von der ausgefahrenen Straße aufstiegen. Der Text auf den Plakaten war im Moldaudialekt und in Russisch gedruckt, und Joanna richtete ihren Blick fest auf die Worte im Moldaudialekt. »Für mich bedeutet das Leben Christus, und Sterben ist mir Gewinn.« »Fürchtet nicht die, die den Leib töten können, aber der Seele nichts anhaben können.« »Wir sehen auf dem Altar diejenigen, die um des Wortes Gottes willen erschlagen sind.« Die Schriftverse sollen hinausschreien, was wir nicht aussprechen dürfen!

Die Prozession bewegte sich langsam durch die Dorfstraße zum Friedhof, Scharen von Landarbeitern und alte Leute aus den kleinen Hütten säumten als Zuschauer den Weg. Wolodia Moissejew ging dem Sarg voran, er trug die große Photographie von Iwan, die man bei seinem Urlaub gemacht hatte.

Wanjas junges Gesicht schien beredt auf die Zuschauer zu blicken, als wenn es ihnen eine tiefe Weisheit mitteilen wollte. Viele von den Landarbeitern schlossen sich aus Neugier dem Zug an, denn schließlich war der Verstorbene ein junger Soldat gewesen und dies ein ungewöhnliches Begräbnis. Die Ältesten marschierten singend mit; die zwei zerlesenen Bibeln, die sie besaßen, wurden ehrfürchtig von Fjodor Grektoi und seinem Vetter Pyotr getragen.

In einer Ecke des Friedhofs war eine Birkengruppe, und dort hatte man das Grab ausgehoben. Die lange Prozession bildete eine Gruppe unter den Bäumen, die Zuschauer schielten neugierig herüber. Die Gläubigen sangen, und Bruder Tschelorski öffnete seine Bibel und predigte noch einmal, während seine Augen immer wieder über die große Zahl von Landarbeitern, alten Leuten und kleinen Kindern schweiften, die ihm zuhörten.

Es war etwas Unerbittliches an dem, was jetzt vor sich ging. Joanna griff plötzlich nach dem Arm ihres Mannes, als der Deckel mit den aufgebrochenen Armeesiegeln auf den Sarg gelegt und mit dem Sarg in die Erde hinabgesenkt wurde. Die Gläubigen sangen: »Zur Heimat da oben.« Joanna blickte über die gebeugten Köpfe ihrer schluchzenden jüngeren Kinder, auf die jungen Leute, die Wanjas Freunde gewesen waren. Sie hatten Blumen mitgebracht und hielten sie während des langen Gottesdienstes im Arm. Jetzt, da Schaufeln von Erde dumpf auf den Sarg aufschlugen, kamen sie langsam nach vorn und legten die Blumen am Rand des Grabes nieder. Stefan Alexandrowitsch hatte das Schild mit dem Text getragen: »Christus ist mein Leben, und Sterben ist mir Gewinn.« Er stieß den Stab mit Schwung in die Grasnarbe. Die jungen Leute bewegten sich darauf zu und knieten still unter dem Banner. Eine tiefe Stille bemächtigte sich der Menschenmenge. Selbst die müßigen Zuschauer, die nur das Hinabsenken des Sarges hatten sehen wollen, wurden still. Unter dem offenen Himmel und auf sozialistischer Erde fingen die jungen Leute an zu beten.

Epilog

Zwölf Tage nach der Beerdigung begannen die Moissejews die Geschichte der Welt bekannt zu machen. In einem formellen Protest, der nach Moskau ging (siehe die folgenden Dokumente), baten sie um eine schnelle Untersuchung und eine Autopsie durch ein Ärzteteam, zu dem zwei christliche Ärzte aus der Gegend gehören sollten.

Sie erhielten keine Antwort. Inzwischen wurde Iwans Einheit 61968 T in Kertsch aufgelöst. Die Männer wurden in alle Teile der Sowjetunion entlassen. Nicht zwei Soldaten blieben beieinander.

Oberst Malsins kleiner Sohn stürzte aus einem Pferdefuhrwerk und starb an seinen Verletzungen.

Galina Malsin wurde in eine psychiatrische Klinik eingewiesen.

Malsin selbst wurde seines Postens enthoben. Es wird berichtet, daß er verstört und von dem Gedanken besessen ist, daß Gott ihn straft.

Der KREChB, der Rat der Verwandten von Gefangenen, machte Wanjas Martyrium sofort bekannt durch seine Untergrundveröffentlichungen. Beileidsbriefe begannen ins Haus der Moissejews zu strömen, sie kamen aus einem weiten Umkreis von Leningrad bis Sibirien. Die Geschichte erreichte auch bald westliche Nachrichtenagenturen und wurde in dreißig Ländern in weltlichen und religiösen Zeitungen veröffentlicht. Natürlich zog das bitterböse Sowjetdementis nach sich.

Gläubige, die die Tatsachen weiter erzählten, wurden angeklagt und ins Gefängnis geworfen. Zwei Pastoren in Swerdlowsk wurden vor Gericht gestellt, der eine einfach deswegen, weil er ein Photo von Iwans Leiche bei einer kirchlichen Versammlung gezeigt hatte, obwohl er weiter keinen Kommentar dazu gegeben hatte. Die Gläubigen in Rußland berichten, daß selbst in Polen zweiundzwanzig Menschen deswegen verhaftet wurden.

Die Heime russischer Bürger und die Gebetshäuser werden häufig nach Dokumenten, Briefen und Tonbändern über Iwan durchsucht. In Teilen des Moldaulandes rissen übereifrige Agenten die Bücher Moses aus der Bibel der Gläubigen, nachdem sie den Namen Moissejew (das ist das russische Wort für Moses) viele Male im Text entdeckt hatten.

Mitte September 1972 kam schließlich eine Untersuchungskommission nach Wolontirowka, zweiundfünfzig Tage nach Iwans Beerdigung. Sie begannen damit, daß sie jeden Dorfbewohner, der jenes Dokument unterschrieben hatte, ins Kreuzverhör nahmen. Alle Nichtchristen, die jetzt natürlich erschreckt waren, leugneten, daß sie die Leiche gesehen oder irgendetwas darüber gesagt hätten.

Am folgenden Tag wurde Iwans Leiche exhumiert. Nur seine Eltern und ein Bruder wurden als Beobachter zugelassen. Die Kommission, zu der keine christlichen Ärzte gehörten, schnitt das Herz aus und Proben der umliegenden Gewebe, ehe die Leiche wieder begraben wurde.

Der Bericht dieser Kommission ist niemals veröffentlicht worden.

Die letzten Nachrichten, die uns von Sergej erreichen, Iwans christlichem Freund, gehen dahin, daß auch er Verfolgung in den letzten Tagen seiner Dienstverpflichtung erleidet, daß auch ihm wiederholt eine Frist gesetzt wird, seine Ansichten zu ändern.

Ein weiterer Sohn der Moissejews ist jetzt zur Roten Armee eingezogen. Auch er bekennt sich zu Jesus.

II. Teil
Die Dokumente*

* Das in russischer Sprache vorliegende Quellenmaterial kann im Archiv des Missionsbundes »Licht im Osten« eingesehen werden.

Die Wahrheit ist wie die Sonne.
Man kann sich nicht
mit vorgehaltener Hand gegen sie abschirmen.

1. Der auf Tonband aufgenommene Bericht Iwan Moissejews über seine Erlebnisse als Soldat der Einheit 61968 »T«. Er gab diesen Bericht vor seiner Heimatgemeinde während eines Urlaubs kurz vor seinem Tod.

Das Gebet – in Odessa

Als ich zu meiner Einheit kam, suchte ich einen Ort zum Beten. Ich bemerkte ein Zimmer, in dem sich bis 10 Uhr morgens niemand aufzuhalten pflegte. Dort arbeitete tagsüber ein Vorgesetzter, morgens vor seinem Eintreffen arbeitete dort niemand.

Wecken war für die Soldaten um 6 Uhr. Ich ziehe mich an und gehe dorthin und bete bis zum Frühstück. Die Soldaten turnen und exerzieren, ich bete zwei Stunden lang. Gelegentlich verspäte ich mich sogar zum Frühstück, weil ich nicht auf die Uhr geschaut habe.

So vergingen zwei Monate. Dann kam der Tag der Prüfung meiner Treue zum Herrn. Gott zeigte mir, wie ich mich zu verhalten hätte. An jenem Morgen stand ich um 5 Uhr auf und betete bis 9 Uhr. Etwa um 9 Uhr beeilte ich mich zum Antreten: alle warteten schon auf mich und suchten mich. Ich mußte mich vor dem Gruppenführer wegen meines Zuspätkommens verantworten. Man hatte ihm schon gesagt, ich sei ein Gläubiger. Der Feldwebel befahl mir, in die Mannschaft einzutreten und sagte, ich würde bestraft. Das Gespräch mit ihm ging im Feld weiter. (Das war in Staryj Krim).

Die Soldaten beschäftigten sich mit militärischen Übungen, ich unterhielt mich mit dem Vorgesetzten über ein anderes Thema. Er wollte mich veranlassen, von meinen Überzeugungen zu lassen. Als wir in die Kaserne zurückkehrten, rief man mich zum Kommandanten, wo viele Vorgesetzte mit mir diskutierten. Man bestrafte mich: die ganze Nacht hindurch arbeiten. Mit Freude arbeitete ich. Die Soldaten exerzierten, mich hieß man in der Kaserne Böden fegen. Die Kaserne ist groß. Ich mußte mit Seife und Bürste fegen. Ich war mit allem einverstanden und freute mich. Die Vorgesetzten merkten das, und kaum hatte ich begonnen, als sie mich der Reihe nach bald zum einen, bald zum andern riefen. Zuletzt wurde ich zum allerhöchsten Vorgesetzten, zum Kommandanten der Division gerufen. Doch empfing mich sein

Polit-Vertreter, und ich diskutierte mit ihm an die drei Stunden. Am Anfang schrie er, dann hörte er auf zu schreien. Ich fragte ihn:

»Gestatten Sie mir, Ihnen einige Worte zu sagen?« Er erlaubte es, wobei er dachte, er hätte mich schon überzeugt und ich würde auf ihn hören. Doch ich hatte die ganze Zeit über auf Gott gelauscht und nicht auf Menschen. Ich sagte ihm:

»Sie haben vergeblich geschrien, Sie werden mich mit Schreien nicht erschrecken.«

Darauf nahm er zwei Stühle und bot mir zu sitzen an. Jetzt sprach er schon nicht mehr so grob. Nachdem er sich überzeugt hatte, daß er nichts tun könne, ging er fort. Darauf brachte man mich zu einer andern Einheit, wo ein Oberst den ganzen Tag mit mir diskutierte.

Zwanzig Tage später machten wir die 500-km-Fahrt für Chauffeure, und man schickte uns in die Stadt Kertsch.

Die ersten Folterungen (Krim, Stadt Kertsch)

Dort begannen sie mich zu foltern. Die erste Folter: Fünf Tage lang gaben sie mir nichts zu essen. Sie fragten mich:

»Waren Sie irgendwann einmal krank?« Ich sagte:

»Nein, nie, und ich weiß auch nicht, was ein Krankenhaus ist.« Sie dachten wahrscheinlich, daß ich nach fünf Tagen ohne Nahrung krank würde. Aber ich wurde nicht krank. Der erste Tag verlief normal und die anderen alle gleich. Gott sei gelobt!

Ich wurde nicht krank, weil ich betete. Man untersuchte mich mit dem Röntgenapparat. Man entließ mich. Die Vorgesetzten erfuhren davon und sagten:

»Gebt ihm zu essen, sonst bringt Ihr uns in Verruf, wenn er vor Hunger stirbt.«

Ich rückte nicht mit der Mannschaft aus und sang auch keine Lieder mit.

Dann folterten sie mich auf eine andere Weise. Es war schon Winter. Draußen lag Schnee. 30 Grad Frost. Die Soldaten schliefen in der Kaserne, mich führten sie auf die Straße und befahlen: »Fünf Stunden im Frost stehen!« In der Sommeruniform, nur mit Hemd, Hosen, Stiefeln und Mütze bekleidet. Es kümmerte sie nicht, wie ich die Zeit verbrachte, wenn ich nur fünf Stunden auf der Straße stand.

Ich betete die ganze Zeit über, welche Frist sie mir auch geben mochten, mochte es die ganze Nacht sein, eine Stunde oder zwei Stunden. Danach wurde ich vorgeladen. Sie fragten:

»Haben Sie Ihre Gesinnung geändert oder nicht?«

Dann wurde dieselbe Strafe wiederholt. Aber ich nahm keine Kälte wahr. Wenn die Vorgesetzten herauskamen und 10-20 Minuten im Freien standen, zitterten sie vor Kälte. Sie guckten auf mich und wunderten sich, daß solcher Frost mir nichts antat. Es kam vor, daß ich eine ganze Nacht so da stand, ja, mehrere Nächte hintereinander. So vergingen zwei Wochen. Nach dieser Folter erlaubte man mir, mit den Soldaten in der Kaserne zu schlafen.

Wenn es Gottes Wille ist . . . – in Swerdlowsk

Im Januar 1971 setzten sie mich nach einer Bearbeitung in der militärischen Einheit in der Stadt Kertsch in einen Spezialwaggon für Gefangene und fuhren mich in Richtung Swerdlowsk. Dann sperrten sie mich in einem Gefängnis in eine Sonderzelle in Einzelhaft. Aus dieser Zelle gelangte ich in fünf verschiedene Sonderzellen für verschiedenartige Folterungen.

In der ersten Zelle gab es eine Koje, auf der ich liegen konnte.

Die zweite Zelle war klein. Ich konnte stehen und auf einer Holzbank sitzen.

Die dritte Zelle: ununterbrochen regnete es aus einer kalten Dusche von der Decke. Ich konnte stehen.

Die vierte Zelle: eine Kältekammer. Kühlaggregatwände ließen mich zum äußersten frieren.

Die fünfte Zelle: eine Folterkammer. Druck auf den Körper. Man zog mir einen Gummianzug an und preßte mittels hineingepumpter Luft den ganzen Körper zusammen. Während der Luftdruck allmählich gesteigert wurde, fragten sie jedesmal: »Nun, änderst du deine Ansichten? Sonst lassen wir dich sieben Jahre hier drin.« Ich antwortete: »Wenn es Gottes Wille ist, werde ich sieben Jahre hier drin sein, wenn nicht, werden Sie morgen schon mit der Folter aufhören.« So ging das 12 Tage lang. Darauf führte man mich erneut nach Kertsch zurück.

Der Urlaub des Feldwebels – in Kertsch

Man beorderte mich oft in den Stab, diskutierte mit mir, fragte mich aus, drohte – alles mit dem Ziel der Umerziehung und um zu verhindern, daß ich Freizeit hätte. Wenn man mich zehnmal an einem Tag kommen ließ, so war das wenig. Manchmal riefen sie mich fünfzehn bis zwanzigmal.

Einmal war unsere Kompanie auf dem Weg zum Politunterricht. Am Anfang waren wir etwa 20 Personen. Der Kompaniekommandant, der den Unterricht hätte durchführen müssen, kam aus irgendwelchen Gründen nicht. Da beschlossen die Soldaten eine Diskussion durchzuführen mit dem Thema, was für ein Unterschied bestehe zwischen meinem Gott und ihrem gott (das Wort ›Gott‹ muß in der Sowjetunion mit kleinen Anfangsbuchstaben gedruckt werden, d. Übers.). Sie fragten mich: »Wer ist dein Gott?« Ich antwortete: »Mein Gott ist der Allmächtige und Allstarke.« Ein Feldwebel, ein Armenier aus Eriwan, sagte mir: »Wenn dein Gott allmächtig ist und wenn er lebt und alles tun kann, dann soll er mich morgen in den Urlaub entlassen. Dann werde ich an Ihn glauben!« Und alle Soldaten bekräftigten: »Ja, wenn Gott ihm Urlaub gibt, werden wir wissen, daß es wirklich einen Gott gibt. Vorläufig aber halten wir alles, was du erzählst, für Märchen. Wenn dein Gott das aber macht, werden wir glauben, daß Er ein lebendiger Gott ist und alles machen kann.« Ich betete, und der Herr ließ mich wissen: »Sage, daß ich das tun kann.« Da wandte ich mich zum Feldwebel und sagte: »Morgen wirst du nach Hause in den Urlaub fahren, aber du mußt tun, was ich dir sagen werde.« Er rauchte. »Wirf die Zigarette weg«, sagte ich. Er warf sie weg. »Und jetzt das Päckchen.« Er holte das Päckchen hervor und verbrannte es.

Während dieser Diskussion versammelte sich die ganze Einheit, 150 Personen. Dann kamen unsere Vorgesetzten und beorderten uns an die Arbeitsplätze. Am Abend kamen wir wieder mit dem Feldwebel zusammen und diskutierten die ganze Nacht. Geschlafen haben wir wenig, etwa zwei Stunden. Er versprach, daß er glauben werde. Ich gab ihm einige Ratschläge, wie er sich unterwegs und zuhause verhalten sollte. Seine Eltern sind ungläubig, sie wissen nichts von Gott. Mit dem Vorgesetzten aber hatte er noch kein Wort über den Urlaub gesprochen.

Am Morgen, gleich nach der Tagwache, schickte man mich mit dem Lastwagen Lebensmittel holen. Dann erzählte man mir, aus Odessa habe irgendein hoher Vorgesetzter unser Regiment angerufen, irgendein General, der habe befohlen, diesen Feldwebel augenblicklich nach Hause zu entlassen – innerhalb von 10 Minuten. Ich glaube aber, daß nicht ein General, sondern der Engel ihnen telephoniert hat. Im Stab wurden die Dokumente ausgefertigt, und der Feldwebel fuhr in den Urlaub. Als die Soldaten davon erfuhren, erzählten sie den Offizieren, was für einen »Politunterricht« wir gestern durchgeführt hätten, und daß alles in Erfüllung gegangen sei, was Iwan vorausgesagt hätte. Die Offiziere schickten einige Soldaten hinter dem Feldwebel her, um ihn zurückzuholen und auf diese Weise die allgemeine Auffassung der Soldaten zu widerlegen, Iwans Gott hätte dem Feldwebel Urlaub gegeben. Aber es war zu spät. Der Feldwebel war schon mit dem Zug abgereist, und sie holten ihn nicht mehr ein.

Als ich in das Regiment zurückkehrte, umringten mich die Soldaten und erzählten voll Freude, daß er abgereist sei. Ich hatte kaum begonnen, mit ihnen zu sprechen, als man mich in den Stab rief. Dort erwartete mich der Divisions-Kommandant, ein Generalmajor. Auf seine Frage, was vorgefallen wäre, erzählte ich alles der Reihe nach über den gestrigen Politunterricht . . . »Aber wie konntest du wissen, daß er in den Urlaub fährt?« fragte der General. Ich gab zur Antwort, Gott habe das gemacht.

Offenbar auf Befehl des Generals wollte man mich aus dieser Einheit versetzen und irgendwohin weit weg führen. Aber die Soldaten wehrten sich für mich. Alle legten die Arbeit nieder und versammelten sich beim Stab. So blieb ich bei meiner Einheit. Nach diesem »Politunterricht« schickte man uns alle in Neulandgebiet zur Erntekampagne. Ich wäre gerne zurückgeblieben, um den Feldwebel aus dem Urlaub zurückzuerwarten. Aber man fuhr uns auf Neuland.

Aus einem Brief Wanjas:
»Nachdem der Feldwebel aus dem Urlaub und ich vom Neuland zurückgekehrt waren, wurde in der Einheit eine allgemeine Versammlung durchgeführt, auf der man mich auslachte und wegen der Predigt bedrohte, wobei versucht wurde, den Fall mit dem Urlaub zu verharmlosen, aber der Feldwebel ergriff das Wort und sagte: ›Wessen Kraft hat da gewirkt? Ich glaube jetzt, daß Gott ist, denn während Sie mir den Urlaub verweigerten, hat Gott ein für alle offensichtliches Wunder vollbracht.‹ Die Soldaten triumphierten, die Vorgesetzten aber gingen schmachvoll hinaus.«

Meine Heilung

Vom Neuland fuhr ich in das Verwaltungsgebiet Odessa in das Dorf Schostena, Solenskij-Rayon. Man gab mir ein Fahrzeug, mit dem ich bis zur Station Satischje fahren sollte. Unterwegs machte der Wagen Bruch. Ich beschloß, den Kardan herunterzunehmen. Das war nachts um 22 Uhr. Mit dem Werkzeug in der Hand kroch ich unter den Wagen. Als der Kardan herunterfiel, warf ich mich zur Seite, geriet aber vor eines der hinteren Räder des Wagens, der wegen des vorhandenen Gefälles nach vorn zu rollen begann, und mir über die rechte Schulter und auf die Brust fuhr. Der Wagen hatte mit der Last ein Gewicht von 6500 kg. Ich konnte noch rufen: »Rückwärtsgang.« Mit mir waren zwei Soldaten. Ich konnte nicht atmen, sah aber alles, wie die Soldaten sich 10 Minuten lang bemühten, den Motor in Gang zu bringen. Schließlich gelang es ihnen. Sie fuhren zurück, und ich kroch hervor, stand auf den Beinen, fiel aber sofort wieder um und verlor das Bewußtsein. Man brachte mich ins Krankenhaus in der Stadt Satischje, aber es stellte sich heraus, daß dort kein einziger Arzt vorhanden war. Mich fröstelte. Der rechte Arm hing herab wie ein Stock. Er war tot. Darauf brachten sie mich sofort in die Stadt Simferopol in das Militärspital. Man machte Röntgenaufnahmen. Das war am 26. November 1971. Meine Temperatur erreichte 42 Grad. Ich hatte eine komplizierte Operation über mich ergehen zu lassen: Amputation des rechten Armes und der halben Lunge. Ich betete viel und laut, was die andern Kranken hörten. Dann schlief ich ein in einer schweren Agonie wegen der Temperatur. Morgens erwachte ich um 6 Uhr und merkte, daß meine Arme unter dem Kopf lagen. Ich dachte, das wäre ein Traum. Auf der Brust war mir so leicht, so leicht. Dann schlief ich wieder ein.

Bei der Morgenvisite gab der Arzt mir das Thermometer. Ich sagte:

»Ich brauche kein Thermometer, ich bin gesund.« Um ihn aber davon zu überzeugen, nahm ich das Thermometer.

»Dann nimm die Medizin.«

»Ihre Medizin hilft nicht.« Der Arzt erschrak, weil er dachte, ich wäre verrückt geworden. »Ich wußte, daß Sie mich nicht würden heilen können und wandte mich an den himmlischen Arzt. Er hat mich nachts geheilt.«

Der Arzt geriet noch mehr in Verwirrung. Ich reichte ihm das Thermometer. Es zeigte 37 Grad. Medikamente nahm ich keine. Man rief mich ins Sprechzimmer der Ärzte. Der Chirurg, ein Oberstleutnant, fragte mich:

»Was ist mit Ihnen geschehen, Moissejew?«

Ich erzählte ihm alles über die Heilung. Daß ich Gläubiger bin, wußten schon alle. Er sagte mir:

»Sie standen vor einer Operation, in der man Ihnen den rechten Arm bis zur Schulter und eine Lunge hätte entfernen müssen. Ich sehe zum erstenmal in meinem Leben ein solches Wunder. Tatsächlich, es gibt einen Gott.«

Außer ihm waren noch zwei Ärzte anwesend. Man schrieb mich sofort gesund. Ich mußte durch einen Gebäudeteil, in dem sich etwa 200 Soldaten und Offiziere befanden. Alle waren verwundert, mich gesund zu sehen, denn das Gerücht hatte sich sofort überall ausgebreitet. Ich fuhr zum Busbahnhof. Zu dieser Zeit kam der bedeutendste Chirurg der Krim angereist, der sofort zu meiner Operation gerufen worden war. Die Ärzte, die ihn begrüßten, erzählten es ihm. Er glaubte es ihnen nicht und fuhr sofort auf den Busbahnhof, wo er mich noch erreichte. Ich willigte nicht ein, zurückzukehren, und er untersuchte mich verwundert und fuhr schweigend davon.

Ich kehrte zur Einheit in die Stadt Kertsch zurück. Alle Soldaten, die von der Heilung erfahren hatten, wunderten sich.

Es begannen Heimsuchungen. Und Satan gebärderte sich, wie das die Regel ist nach dem Offenbarwerden göttlicher Kraft, wütend und bemühte sich, Böses zu tun, wozu er auch begabt ist. Man rief mich dauernd in verschiedene Abteilungen zu Befragungen und Drohungen. Wie immer, betete und sang ich Lieder, wenn ich zum Stab unterwegs war. Diesmal ging ich mit einem Lied durch den Park. Es war ein klarer Wintertag. Ich sehe, wie vom Himmel ein Engel zu mir niedersteigt: er wurde plötzlich als ferner, greller Stern sichtbar. Er kam ganz tief über mich. Ich gehe über den Weg zum Stab, er geht über mir in der Luft. Der Engel sagt: ›Iwan, geh, fürchte dich nicht, ich bin mit dir.‹ Der Engel ging bis unmittelbar zur Türe des Stabs über mir. Dann verzog er sich. Ich glaube, daß er auch im Büro war. Ich sah ihn nicht, und die Vorgesetzten sahen ihn auch nicht, aber ich spürte die göttliche Gegenwart, denn ich fühlte keine Furcht vor den Prüfungen.

Das Wunder mit dem Brot

Ich steuerte einen Wagen, der mit Brot beladen war. Die Brote waren in Spezialbehälter verpackt. Die rückwärtigen Türen waren mit zwei Türfallen und einem Vorhängeschloß geschlossen. Mit mir fuhr im Wagen ein Feldwebel, der das Brot begleitete. Unterwegs hörte ich, wie eine Stimme mir sagte: »Wanja, fahre langsamer!« Es war mir unverständlich, weshalb, und ich fuhr weiter. Die Worte wurden wiederholt, aber aus irgendwelchen Gründen fügte ich mich ihnen nicht. Ich blickte auf den Geschwindigkeitsmesser. Die Geschwindigkeit betrug 60 km. Plötzlich erblickte ich vor dem Wagen ein Brot über den Asphalt eilen, gleich schnell wie der Wagen. Ich war erstaunt über dieses Wunder und begriff sogleich: Gott läßt mich anhalten. Ich brachte den Wagen zum Stehen. Der Feldwebel und ich stiegen aus und untersuchten den Wagen. Die Türen waren mit ebendenselben Türfallen und dem Vorhängeschloß verschlossen. Wir öffneten die Türen und sahen, daß die Hälfte des Brotes fehlte. Wir wandten uns um und sahen weit hinten auf dem Asphalt unser Brot liegen. Der Feldwebel war sehr verwundert darüber und sagte: »Wanja, komm hierher. Sag, wer hat diese Türen verschlossen? Wir beide gemeinsam. Alle Verschlüsse sind ja da. Aber das Brot ist weg. Ich fahre seit sechs Jahren auf diesem Wagen, aber so etwas ist noch nie vorgekommen.«

Ich wußte, daß Gott mich angehalten hatte. Denn Er weiß, was mich erwartet. Wir sammelten das Brot ein und fuhren 40–50 Minuten später weiter. »Laß uns weiterfahren!« sagte ich zum Feldwebel. Dann bekam ich Antwort auf die Frage, warum das Brot davongelaufen war. Nur wenig weiter, an der nächsten Straßenkreuzung, war ein Verkehrsunfall. Ein ›Ikarus‹-Autobus mit Anhänger, der uns überholt hatte, während wir das Brot zusammenlasen, war mit einem Autokran zusammengestoßen. Die Menschen waren umgekommen. An dieser Stelle hätten wir bei einem Verkehrsunfall ums Leben kommen müssen. Aber Gott hat uns angehalten. Ich pries Gott. Denn wie hat Er gesagt? »Ich bin Gott, dein Beschützer.« So war es auch.

Wir gelangten zur Einheit. Der Feldwebel erzählte allen diesen Vorfall, aber sie glaubten ihm nicht. Dann lud man mich vor Offiziere und fragte mich erneut aus. Ich erklärte: »Gott hat uns durch das Brotwunder das Leben gerettet. Er liebt alle und ist bereit, auch Sie zu retten, selbst vor dem ewigen Untergang, der alle erwartet, die Jesus Christus nicht annehmen.«

Hier endet das Tonband, das Iwan im Moldauland während seines Urlaubs besprach.

2. Eintragung in Wanjas Notizbuch, das er vor seinem Tod bei Gläubigen in Kertsch zurückließ

Wenn du Tag für Tag schwer geprüft wirst, sei nicht entmutigt, wenn du allein stehst.
Gehorche dem Ruf, in diesem Leben zu leiden, du kennst ja dein fernes Ziel.

Geh voran – laß dich nicht aufhalten durch den schrecklichen Sturm; verlier nicht den Mut, wenn du allein stehst. Möge dein Herz immer warm für die Brüder schlagen! Geh voran – laß dich nicht aufhalten durch den Sturm!

Wenn die Feinde lästern, dich anklagen und verhöhnen, geh voran – verlier' nicht den Mut im finsteren Sturm, verlier' nicht den Mut, da du im Glauben gehst.
Säe Samen der Gerechtigkeit, selbst wenn sie spotten.

Geh allein voran, auf das Ziel zu!
Der Erntetag kommt, auch für die Seelen der Menschen.

3. Wanjas Zeugnis über Christus
Aus den letzten Briefen

Analysiert man Moissejews Briefe, mündliche Berichte und Tonbandaufzeichnungen, so stellt man fest, daß ihm im Verlauf des 18-monatigen Dienstes in der Armee sechs bis sieben mal Fristen gesetzt worden sind, damit er seine Überzeugung ändere. Auf sie folgten jeweils Verfolgungen, Gewaltanwendungen und Drohungen. Aus den letzten Briefen wird deutlich, daß der 16. Juli (1972) ihm als letzte Frist gesetzt worden war; die verstrich, worauf man ihm den letzten Kampf wegen seines Bekenntnisses zu Gott aufzwang, in dessen Verlauf Wanja in Liebe zu Jesus den Märtyrertod empfing. Er wurde verursacht durch die vorausgehenden Folterungen, worauf der kaum noch Lebende im Meer ertränkt wurde, um die Spuren zu verwischen.

Die Briefe enthalten Erklärungen, Bitten, das Vorgefühl baldiger Trennung und den Abschied.

Sie folgen hier mit einigen Kürzungen:

(Datum unbekannt)

Friede sei Euch, geliebte Eltern! Brüder in Christo aus Saporoschje waren bei mir. Ich bin froh, obschon man mich von der Unionsversammlung aus (die zum Allunionsrat der Evangeliumschristen-Baptisten gehört) letzte Woche verraten hat, weil ich Christus verkündigt habe.

Ungeachtet dessen, daß ich Soldat bin, arbeite ich für den Herrn, obwohl ich Schwierigkeiten und Prüfungen zu bestehen habe. Jesus Christus hat befohlen, das Wort des Lebens in der Stadt zu verkündigen, in jeder beliebigen Versammlung, in der Einheit, vor Offizieren und Soldaten. Ich war im Divisionsstab in der Sonderabteilung. Es war zwar nicht leicht, aber der Herr fügte es so, daß es auch dort zum Guten gereichte, daß ich Sein Wort den Allerhöchsten verkündete. Dann wurde ich noch mehr bedrängt und von dort hinausgejagt.

Jene werden gerettet werden, die nicht nach menschlichem Willen, sondern nach Gottes Willen leben werden. Befolgt die Gebote Jesu! Ihr werdet später hören, daß ich viele Wunder und Offenbarungen habe.

Dem Herrn befohlen!
Wanja

15. Juni 1972

Mit christlichem Gruß, geliebte Eltern!

Euren Brief habe ich erhalten und mich gefreut. Ich möchte Euch sagen, daß ich Kraft der Barmherzigkeit des an Liebe überreichen Vaters gesund bin. Ich schrieb Euch, als der Herr mir erschlossen hatte, welches der allerrichtigste Weg ist oder wie alle Christen sein müssen. Im zweiten Brief werdet Ihr von dieser Arbeit hören, denn der Herr erschließt alles.

Meine geliebten Eltern, der Herr hat mir den Weg offenbart, und ich muß ihn gehen. Und ich habe mich entschlossen, ihn zu gehen. Aber ich weiß nicht, ob ich Gelegenheit haben werde, zurückzukommen, denn der Kampf ist schwerer als der erste. Viel schwerer, und ich werde jetzt mehr Kampf haben als früher. Aber ich fürchte mich nicht. Er geht mir voran. Daß die geliebten Eltern nicht trauern! Deshalb, weil ich Jesus lieber habe als mich selbst. Ich höre auf ihn, obwohl der Leib auch ein wenig Angst hat oder nicht alles ausführen will. Auch das Leben schätze ich nicht so, wie ich Ihn schätze. Und ich werde es nicht nach meinem Willen erwarten, sondern so, wie der Herr es will. Er befiehlt zu gehen, und ich werde gehen.

Seid nicht traurig, wenn dies der letzte Brief Eures Sohnes sein sollte. Denn auch ich selber staune, wenn ich Gesichte sehe und höre, wenn ich höre und sehe, wie die Engel reden. Ich staune und kann kaum glauben, daß Wanja, Euer Sohn, mit Engeln redet. Denn er, Wanja, hatte auch Sünden und Verfehlungen, aber durch Leiden hat der Herr sie weggewischt. Und er lebt nicht, wie er von sich aus möchte, sondern so, wie der Herr will.

Ich schreibe auch noch jenen, die nicht an unseren Herrn Jesus glauben. Ihr heißt Antichristen, daß Ihr das wißt, obwohl Ihr nicht glaubt, daß es den Herrn gibt, der mir das Leben gegeben hat. Denn dieser Leib war tot. Auch

Du, Semjon, geliebter Bruder, sollst wissen, daß der himmlische Vater auch Dir das Leben schenken wird. Sogar ich bin Deinetwegen sehr müde geworden. Viel ist seither vergangen, und ich bin weit von Euch entfernt. Auch Du sollst wissen, Semja (Koseform von Semjon, d. Übers.), daß der Herr ist . . .

30. Juni 1972

Ich grüße Euch alle mit der großen Liebe Jesu Christi. Es schreibt Euch Euer geringster Bruder in Christus Wanja.

Noch schreibe ich Euch diesen Brief frei, und Ihr könnt erfahren, daß es nach der freudigen Begegnung mit Sergej keinen einzigen Sturm gab, aber mehr (Sinn der Vorlage unverständlich, d. Übers.). Ich war froh um alles. Wenn es keinen Sturm, keinen Windhauch gibt, dann ist es wie langweilig, so daß ich schon an jeden beliebigen Sturm gewöhnt bin.

Oh, wie unbeschreiblich schön und wunderbar ist es dort, fern von unserer Erde. Welche Freude herrscht dort! O Brüder, schreitet alle vorwärts! Habt keine Angst, wenn Ihr durchs Feuer zum himmlischen Ziel müßt.

Wenn dein Herz etwas anderes mehr liebt als Christus, kannst du Ihm nicht nachfolgen.

Jetzt will ich Euch schreiben, welche Leiber die Engel haben. Und auch wir werden solche haben, wenn wir bis in den Tod treu sein werden. Ich wollte einmal die Engel sehen, und ich bekam sie zu sehen. Ich sah, wie sie bekleidet sind und erzählte Euch das. Aber ihre Leiber sind nicht wie die unsrigen. Ihre Leiber sind einem kein Hindernis, weiterzuschauen. Du schaust zum Beispiel und kannst durch sie hindurchschauen wie durch ein Glas, und sie haben keine einzige Sünde, keinen einzigen Fehler. Solche Geist-Leiber werden auch wir einmal erhalten. Solche Leiber können alles sehen, Jesus, die Engel, den himmlischen Vater, und dann werden wir wissen, was der andere oder der Nachbar denkt. Oh, welche Freude, welche Reinheit und welche Liebe ist dort. Wir sind alle rein, rein! Wenn wir eine Glasscheibe klar reiben, so wird sie noch immer schmutziger sein als jene Körper.

Ich warte mit Ungeduld auf Antwort. Ich wünsche allen, vorwärts zu schreiten zum himmlischen Lande.

9. Juli 1972

Die Grüße Eures Sohnes werden bald aufhören. Ich bin schwach, aber ich kann Euch noch mit der Liebe Jesu Christi und dem Frieden Gottes grüßen. Sie haben mir verboten, Christus zu predigen, und ich mache Folter und Prüfungen durch; aber ich sagte ihnen, daß ich nicht aufhören werde, die Botschaft von Jesus weiterzutragen. Und der Herr beschämte sie vor der ganzen Einheit, als sie mich quälten. Ein Soldat stand auf, der auf wunderbare Weise Urlaub bekommen und es allen erzählt hatte, und fragte: »Wessen Macht zeigte sich da?« Die Vorgesetzten wollten mich ins Unrecht setzen und sie ernteten Schande. Sie fragten mich dann, warum dieser Baum grün und der andere vertrocknet sei, da die Bäume nebeneinander standen, der eine grün, der andere vertrocknet. Ich fragte sie, was für ein Unterschied da sei zwischen den beiden Bäumen. Sie antworteten: »Der Unterschied ist groß, weil der eine Baum lebt und der andere tot ist.« Darauf sagte ich ihnen, dies ist auch der Unterschied zwischen einem Gläubigen und einem antichristlich eingestellten Menschen. So blieben sie ratlos und sehr verlegen.

11. Juli 1972

Ich grüße Euch alle mit der Liebe Jesu Christi. Diesen Brief schreibt Euch Wanja. Ich freue mich sehr für Euch, und es ist möglich, daß wir uns noch begegnen werden. Ihr mögt wissen, daß man mir Urlaub streng verboten hat. Aber ich arbeite aus voller Kraft für Christus. Ich will mich nicht rühmen, aber ich will, daß Ihr es wißt und daß Ihr mich in Euren Gebeten nicht vergeßt.

Am 10. dieses Monats, abends, predigte ich Jesus Christus, und ein Soldat tat Buße. Ich war sehr froh, und noch mehr Kräfte erfüllten mich. Mit Sergej hatte ich noch keine Begegnung. Gott sei gelobt für alles. Wenn ich Euch treffe, werde ich es genau erzählen. Aber schreiben kann ich es nicht.

Wenn ich schaue, wie das Meer stürmt,
wie schreckliche Wellen über uns tosen,
erfüllen mich Freude und Mut
Euretwegen, die Ihr aus dem Kampf zurückgekehrt seid,

Euretwegen, die aus schrecklich harten Wellen
ans Ufer zurückgekehrt seid, siegreich.
Wir gehen ans Ufer,
wir gehen zum Sieg.

Tage ohne Dämmerung werden über Euch kommen
und Mühen im Dienst
und bitterer Abschied.
Ist es denn leicht, monatelang
in erregenden Tiefen, in Meeren zu sein,
wo ermattete Brüder stöhnen?
Aber nein, nicht geringe Kraft wird der Herr ihnen schicken,
und die Freundschaft ihres Willens ist – Hoffnung.
Und wie schwer ihr Geschick auch sein mag,
er wird heilig des Vaterlandes Befehl erfüllen.

Die letzten Kräfte teilt er mit dem Freunde.
Die letzte Kraft gibt er für Christus dahin.
Nicht leichten Befehl führt er aus,
doch hat das Meer ihn schon manchmal erprobt.
Er trägt seinen Dienst nach Befehl,
obschon es schwer für ihn sein wird.
Er wird heilig Christi Befehl ausführen.

Ihr werdet mich, so scheint mir, nicht mehr sehen . . ., wenn Ihr aber daran denkt, zu mir herzureisen, so ist das nutzlos. Ich werde Euer im Gebet nicht vergessen. Ich werde mich sehr darum bemühen, mit Sergej zusammenzukommen. Möglicherweise habe ich die letzte Aufgabe schon erfüllt. Empfangt einen herzlichen christlichen Gruß von Eurem allergeringsten Bruder. Grüßt alle! Ich erwarte keine Antwort und bitte Euch, nicht zu schreiben.

Auf Wiedersehen! Gott befohlen, teure Freunde. Es tut mir leid um Euretwillen. Aber eins ist mir gegenwärtig: ICH GEHE DEN BEFEHL DES CHRISTI AUSFÜHREN . . .

Grüße von Wanja
LETZTER TAG DES LEBENS: 16. JULI 1972

(Es ist aus dem Text nicht ersichtlich, ob diese letzte Zeile in Großbuchstaben von Moissejew geschrieben wurde oder von einer anderen Person beigefügt worden ist, d. Übers.)

14. Juli 1972

Die Arbeit ist groß, und ich folge dem Gebot Jesu. Die Prüfungen sind groß und die Leiden nicht leicht. Ich hätte vieles zu schreiben, aber das geht nicht in einem Brief. Ich erwarte den Besuch von Sergej, wie der Herr es mir versprochen hat. Oh, daß wir uns jetzt nur nicht schämen, vom Herrn zu sprechen! Alle haben die Wunder gesehen und sagen, daß Gott in Wahrheit existiert. Ich will Samen ausstreuen und mutig vorangehen, wie der Herr es mich lehrt durch den Heiligen Geist und die Engel.

Nehmt kein Ärgernis daran, aber ich ringe schwer bei dieser Arbeit. Ihr sollt auch wissen, daß es für den Körper nicht leicht ist. Jetzt gehe ich zur Versammlung, obwohl man es mir verboten hat. Die Brüder grüßen Euch alle. Und ich grüße Euch alle: die in Slobodseja *und* Jernokleja *(Dorfgemeinden von ECB).*

Ich wünschte, daß Semja *und* Galja *glauben und die Macht des Herrn sehen könnten, um zu erkennen, daß Er existiert! Das tun hier alle: Offiziere und Soldaten sagen, daß es einen Gott gibt und fürchten ihn, denn sie erleben Wunder und sehen seine Macht. Ich wünschte auch, daß Großmutter glauben könnte und erkennen, daß der Weg, dem sie folgt, zur Hölle führt. Jesus Christus ruft Euch noch immer, und er würde Euch ewiges Leben geben, aber ich kann Euch kein Leben geben. Glaubt an das Evangelium! Wenn Ihr hört, daß ich nicht mehr in Freiheit bin, dann wißt, daß ich hier in der Stadt Kertsch ein Notizbuch hinterlassen habe, in dem ich die Wunder aufgeschrieben habe. Vielleicht könntet Ihr herkommen, oder sie können es Euch bringen. Der Herr weiß das alles. Seid wahre Christen! Der Herr wird Euch festigen und Euch mit seiner Kraft ausrüsten.*

Bittet, denn Er ist an allem reich, und alles, was Ihr wollt, wird er Euch umsonst geben.

Ich vergesse Euch nicht in meinen Gebeten.

Im Herrn
Wanja

An seinen leiblichen Bruder:

15. Juli 1972

Ich habe Deinen Brief erhalten, Bruderherz, bin aber mit der Antwort verspätet, weil ein starker Sturm war. Man hat bei Sergej Kärtchen und Literatur gefunden und weggenommen.

Erzähle es den Eltern nicht sogleich. Sage ihnen: »Wanja hat mir einen Brief geschrieben und hat geschrieben, daß er auf Befehl JESU CHRISTI *in den Kampf geht; dieser Kampf aber ist christlich, und es ist ungewiß, ob er zurückkehren wird.«*

Ich wünsche Euch allen, liebe Freunde, ob alt oder jung, einen Vers, Offenbarung 2,10: »Sei getreu bis in den Tod, und ich will dir die Krone des Lebens geben.«

Empfangt den möglicherweise letzten Gruß auf dieser Erde von Eurem allergeringsten Bruder

Wanja.

4. Das Beerdigungsdokument und die weiteren Verlautbarungen der Familie Moissejew und ihrer Gemeinde

Das Beerdigungsdokument (Akte)

Wir, die Unterzeichneten, sind Augenzeugen, daß der vom Militärdienst in der Stadt Kertsch von der Einheit 61968 »T« gebrachte Leichnam von Moissejew, *Iwan Wassiljewitsch, geb. 1952, nicht, wie die Todesbescheinigung No. 286064 I – A. P. sagt, in Verbindung gebracht werden kann (nje podtverzdajetsja svidjetel' strom a smerti) mit der Diagnose »Mechanische Asphyxie wegen Ertrinkens«, sondern bestätigen, daß der Tod infolge vorsätzlicher Gewaltanwendung eintrat. Wir bestätigen das mit Fotografien und Fakten: das Herz ist sechsmal durchstochen, Beine und Kopf sind stark zerschlagen, auf der Brust sind Brandwunden.*

Die Unterschriften der Augenzeugen – Einwohner des Dorfes Wolontirowka:

1. *Moissejew W. T.*
2. *Moissejewa J. K.*
3. *Moissejew W. W.*
4. *Moissejew S. W.*
5. *Moissejew N. W.*
6. *Tschapkij S. P.*
7. *Albu S. I.*
8. *Prokopovitsch M. M.*
9. *Romonu D. J.*
10. *Sljussapenko A. S.*
11. *Butesku W. G.*
12. *Paskar T. M.*
13. *Albu M. F.*
14. *Jefremowa A. J.*
15. *Mankosch J. J.*
16. *Jefremow J. W.*
17. *Jefremowa A. S.*

18. *Kotelnik A. F.*
19. *Blomizkaja A. M.*
20. *Tschorowa I. I.*
21. *Kolisnitschenko J. I.*
22. *Toma T. A.*
23. *Toma J. S.*

5. **Offener Brief** (der Gemeinde) an alle Kinder Gottes, die die Kirche unseres Herrn Jesus Christus bilden

»Andere aber ließen sich foltern und nahmen die Befreiung nicht an.«
Hebr. 11, 35

». . . meines treuen Zeugen, der bei euch getötet wurde . . .« Offb. 2,13

Im Herrn geliebte Brüder und Schwestern!

Wir machen Euch Mitteilung von einem traurigen Ereignis. Diese Trauer ist unsere gemeinsame Trauer, denn wir alle bilden die eine Kirche, den einen Leib Christi.

Am 17. Juli 1972 erhielten Bruder Wassilij Trofimowitsch Moissejew und seine Ehefrau Joanna Konstantinowna ein Telegramm der militärischen Einheit 6 1968 »T« aus der Stadt Kertsch: »Ihr Sohn Moissejew, Iwan Wassilijewitsch, ist auf tragische Weise ums Leben gekommen.« Anläßlich der Übergabe des Leichnams an die Verwandten wurde diesen eine Todesbescheinigung ausgehändigt, wo in der Rubrik »Todesursache« geschrieben steht: »Mechanische Asphyxie infolge Ertrinkens.« Im amtlichen Schriftstück, das im Zusammenhang mit der Obduktionsexpertise abgefaßt wurde, heißt es: »Der Tod trat infolge von Gewaltanwendung ein.« Vor der Bestattung wurde der Sarg geöffnet. Bei der Untersuchung des Leibes waren alle entsetzt. Im Bereich des Herzens befanden sich sechs tiefe Einstiche, am Kopf waren links und rechts Wunden und Schrammen, Beine und Rücken waren stark zerschlagen, auf der Brust befanden sich große Verbrennungen. Wenn man diese berührte, war das Klopfen des Fingers auf der Haut hörbar. Rund um den Mund waren blutunterlaufene Stellen.

Da wir Wanja als treuen Zeugen Christi kennen, erklären wir:

Er wurde gequält und gefoltert um Jesu willen. Am 16. Juli dieses Jahres lief für ihn die letzte Frist zur Entscheidung ab. »Leute in Zivil« – wie die Do-

kumente bezeugen – gaben unter Beteiligung militärischer Vorgesetzter I. Moissejew wiederholt »Frist zum Nachdenken«, wobei sie verlangten, er müsse seinen christlichen Überzeugungen absagen. Dort (am Strande von Kertsch, d. Übers.) wurde er gefoltert. Da er aber Gott treu war, bekamen die Quäler von ihm keine Absage zu hören. Darauf drückten sie den noch Lebenden gewaltsam in das Meer an einer Stelle, die 156 Zentimeter tief ist. Wanjas Körpergröße beträgt 185 Zentimeter. Die Spuren wurden dabei verwischt.

Wir wurden von tiefer Trauer erfüllt, als wir die Verwandten erblickten, die am Sarge weinten und nur mit Mühe das Gesicht ihres Sohnes zu erkennen vermochten. Aber wir trösteten sie und uns selber damit, daß wir alle einen Vater haben, der Tröster und gerechter Richter ist.

Am Grab des zu Tode gequälten Bruders fand sich viel Volk ein: Brüder und Schwestern, Einheimische und Zugereiste, die einen ehrfurchtsvollen Gottesdienst feierten. Die Bestattungsfeier fand am 20. Juli 1972 in der zweiten Tageshälfte statt, wobei Hymnen gesungen und Spruchbänder von Kränzen getragen wurden, die in moldauischer und russischer Sprache geschrieben waren: »Christus ist mein Leben und Sterben mein Gewinn«, »Fürchtet euch nicht vor denen, die den Leib töten, die Seele aber nicht töten können«, »Und ich sah unter dem Altar die Seelen derer, die hingeschlachtet worden waren um des Wortes Gottes willen«.

Dies ist das Antlitz der Gottlosen. Sie füllen das Maß ihrer Gottlosigkeit, was jetzt bezeugt wird durch den Märtyrertod des Bruders Iwan Wassiljewitsch Moissejew.

Nachdem wir die zu Tode gequälten Überreste des Bruders Wanja der Erde übergeben hatten, kehrten wir an unsere Wohnorte zurück mit Ehrfurcht und dem Wunsch, dem Herrn noch eifriger zu dienen und ihm so, wie Bruder Wanja, treu zu sein bis in den Tod.

Ja, auch in unsern Tagen ist »nie Dagewesenes« geschehen. Beachtet, was wir Euch sagen, haltet Rat darüber und sagt es weiter! Erzählt davon allen Großen und Kleinen, damit alle, in denen Gottesfurcht ist und die sich nach der Begegnung mit Christus sehnen, einmütig nach Ihm streben, wobei sie die Wahrheit verteidigen und festhalten.

Verzage nicht auf deinem Wege, sondern glaube fest:
der Herr zerteilt das Dunkel, und dein Geist wird stark.

Und der Strahl der Sonne wärmt dich wieder,
den dunklen Weg macht er hell.
Mag der blaue Himmel sich mit einer schwarzen Wolke verhängen,
und die liebe Sonne nicht mehr auf die Wege scheinen,
dann vergiß nicht: mit dir ist der mächtige Gott!
Verzage nicht, geh freudig vorwärts . . .

I. M. Moissejew

Eure Brüder und Schwestern aus den Gemeinden Slobodseja, Jermokleja, Saimsk, Bendery und Tiraspol, Teilnehmer an den Beerdigungsfeierlichkeiten am 20. Juli 1972 im Dorf Wolontirowka. (Es folgen 68 Namen)

6. Der Protest der Familie Moissejew vor der Weltöffentlichkeit

An den Verteidigungsminister der UdSSR,
A. A. Gretschko
An den Generalsekretär des ZK der KPdSU,
L. J. Breschnjew

Kopien an:

Generalsekretär der Vereinten Nationen, UNO, K. Waldheim
Internationales Komitee zur Verteidigung der Menschenrechte bei der UNO
Prof. M. W. Keldytsch, Präsident der Akademie der Wissenschaften
den Präsidenten des Schriftstellerverbandes der UdSSR
die Redaktionen der Zeitungen:
»Sowjetskaja Rossija«
»Prawda«
»Iswestija«
den Kirchenrat der Evangeliumschristen-Baptisten in der UdSSR
den Verwandten-Rat der inhaftierten EChB in der UdSSR

und an alle Christen

von den

Angehörigen von Iwan Wassiljewitsch MOISSEJEW, *der unter Folterung getötet wurde wegen seines Glaubens an Gott während seines Dienstes in der Sowjetarmee, wohnhaft im Dorfe Wolontirowka, Bezirk Suworow, SSR Moldau.*

»Jeder, der das sah, sagte: ist dergleichen je geschehen oder gesehen worden . . . bis auf diesen Tag?«
(Ri. 19,30)

Außergewöhnliche Mitteilung

Am 16. Juli 1972 starb in der Stadt Kertsch während des Dienstes in der Sowjetarmee in der Einheit 61968 »T« wegen seines überzeugten Glaubens an Gott an den Folgen furchtbarer, qualvoller Folterungen unser Sohn und Bruder Moissejew, Iwan Wassiljewitsch, geboren im Jahre 1952.

Verwundet, gequält von den Folterungen, aber noch lebend, wurde er in Anwesenheit von Oberstleutnant W. J. Malsin gewaltsam ins Schwarze Meer getaucht an einer Stelle, die 156 Zentimeter tief ist. Seine Körperlänge beträgt 185 Zentimeter.

Es wurde ein Todesschein ausgestellt: »Mechanische Asphyxie infolge Ertrinkens.« Der Befund der Obduktion lautet: »Der Tod trat als Folge von Gewaltanwendung ein.«

Am 17. Juli 1972 wurde uns um 8 Uhr telegraphisch mitgeteilt: »Ihr Sohn Moissejew, Iwan Wassiljewitsch ist auf tragische Weise ums Leben gekommen. Teilen Sie Ihre Abreise mit.« In Kertsch angekommen, beschlossen wir, ihn im heimatlichen Dorf zu bestatten. Man zeigte uns dort das Gesicht des Sohnes im Sarg, worauf der Zinksarg zugelötet wurde. In unserer Begleitung befand sich unser Sohn Semjon, Mitglied des Komsomol, den das Kommando der militärischen Einheit allein auf das Büro rief, wo lange über etwas gesprochen wurde. Über den Inhalt des Gesprächs sagte uns Semjon nicht ein Wort.

Um an der Beisetzung teilzunehmen und den Sarg nach Wolontirowka überzuführen, wurden von der militärischen Einheit Hauptmann W. W. Platonow, ein Unteroffizier (. . .) und ein Soldat abkommandiert, die den Sarg am 20. Juli 1972 ins Dorf brachten. Nachdem uns der Sarg mit dem Körper des Sohnes übergeben worden war, beschlossen wir, den Körper zu untersuchen und zu fotografieren. Zu diesem Zweck begannen wir, die Lötnaht aufzutrennen, die die Sarghälften zusammenhielt.

W. W. Platonow und der Unteroffizier wurden, als sie das erblickten, nervös und verkündeten sofort: »Wir müssen abreisen, wir haben es eilig.« Rasch setzten sie sich in den Wagen und verzogen sich. Nach der Öffnung des Sarges entfernten wir die Kleider, um den Körper zu untersuchen. Aber Semjon wollte, unter Anwendung von Gewalt, nicht zulassen, daß der Körper untersucht und fotografiert würde, wobei er allen Verwandten erklärte:

»Fotografiert ihn angekleidet!« Auf dem Körper erblickten die Anwesenden folgendes: Im Bereich des Herzens sechs tiefe Einstiche, die mit einem runden Gegenstand ausgeführt worden waren; auf dem Kopf links und rechts Schrammen, Wunden; Beine und Rücken stark zerschlagen, auf der Brust große Brandwunden, so daß das Klopfen eines Fingers auf der Haut hörbar war; rund um die Mundhöhle blutunterlaufene Stellen. Das alles wird bestätigt durch 23 Augenzeugen, Einwohner von Wolontirowka, in der Akte vom 20. Juli 1972 (die Akte liegt bei).

Aus den Aussagen, die der Vorgesetzte der militärischen Einheit, W. I. Malsin, im Verlaufe des Gespräches mit uns, den Verwandten Wanjas, machte, verdient hervorgehoben zu werden: »Am Morgen des 16. war ich beschäftigt. Ich hatte ein Gespräch in der Einheit mit einer Gruppe von Gästen in Zivil. Nach dem Mittagessen fuhr ich zusammen mit Moissejew auf einem Wagen ›GAZ – 69‹ an den Strand.« (Soldaten, die Augenzeugen waren, schilderten den Vorgang so: »Malsin fuhr in einer ›Pobeda‹ zusammen mit unbekannten Zivilpersonen. Moissejew folgte ihnen allein auf einem Fahrzeug ›GAZ – 69‹ in unbekannter Richtung.«) Malsin: »Moissejew starb schwer, er kämpfte mit dem Tode, aber er starb als Christ.«

Am 19. Juli 1972 hatte Malsin bei der Herausgabe des Leichnams erklärt: »Ich rauche heute das siebente Päckchen Zigaretten.« Am 1. August sagte er: »Meiner Frau ist der Tod Moissejews so zu Herzen gegangen, daß sie innerhalb einer Woche 15 Kilogramm Gewicht verloren hat.« Ferner erklärte er: »Nie wieder werde ich mich in den Wagen setzen, den er gesteuert hat.«

Wir Eltern bitten um

1. die sofortige Entsendung einer medizinischen Expertenkommission zur Exhumierung und Fixierung des verstümmelten Körpers unseres Sohnes,
2. eine Strafuntersuchung zwecks Ausfindigmachung der Verantwortlichen. Die Personen, die ihn zu Tode gefoltert haben, sind als Verbrecher zu bezeichnen.
3. Wir Eltern sind Christen. Bei uns leben noch vier Söhne, die jünger sind als Iwan. Auch ihnen steht der Militärdienst bevor. Bis zu dem Tage aber, an dem die Mörder nicht ausfindig gemacht und als das bezeichnet sind, und an

dem nicht die erforderliche Garantie für die Sicherheit gläubiger Söhne in der Armee abgegeben ist, werden wir unsere vier Söhne nicht einer solchen Armee überlassen.

4. Unter Berücksichtigung der Tatsache, daß die Gläubigen in unserem Land unverdienten Beleidigungen und der Verleumdung unterworfen sind, daß ferner viele Fakten, die die Leiden belegen, entstellt werden, halten wir dafür, daß eine Expertenkommission ohne Beiziehung christlicher Ärzte ungeeignet ist. Darum geben wir unser Einverständnis zur Exhumierung des Körpers unseres Sohnes Iwan nur unter der Bedingung, daß wir Eltern und zwei gläubige Ärzte anwesend sind, die wir auf den Tag der Ankunft besagter Kommission beibringen werden. Die Ankunft der Kommission bitten wir vier Tage zuvor anzukündigen.

Dieser Mitteilung legen wir bei:

1. Akte mit Zeugenaussagen
2. Kopie der Todesbescheinigung
3. Fotografien von Körperteilen werden wir der Expertenkommission zur Stunde der Obduktion übergeben.

Hochachtungsvoll!
gezeichnet: Moissejew, W. T.
Moissejewa, J. K.
Moissejew, W. W.
Moissejew, R. W.
Moissejewa, N. W.

Schreiben Sie die Antwort an folgende Adresse:
SSR Moldau
Suworow-Bezirk
Dorf Wolontirowka

1. August 1972

7. An den Kirchenrat der Evangeliumschristen-Baptisten in der UdSSR
An den Verwandtenrat der inhaftierten Evangeliumschristen-Baptisten in der UdSSR

Von
Wassilij Trofimowitsch Moissejew,
Joanna Konstantinowna Moissejewa,
wohnhaft im Dorfe Wolontirowka, Bezirk Suworow, SSR Moldau.

»Und als es das fünfte Siegel öffnete, sah ich unter dem Altar die Seelen derer, die hingeschlachtet worden waren um des Wortes Gottes willen und um des Zeugnisses willen, das sie festhielten. Und sie riefen mit lauter Stimme: Wie lange, heiliger und wahrhaftiger Herr, richtest du nicht und rächst unser Blut nicht an denen, die auf Erden wohnen? Und es wurde einem jeden von ihnen ein weißes Kleid gegeben, und es wurde ihnen gesagt, daß sie sich noch kurze Zeit gedulden sollten, bis auch ihre Mitknechte und ihre Brüder, die den Tod finden sollten gleich wie sie, zur (himmlischen) Vollendung gekommen wären.«
Offb. 6, 9-11

Mitteilung

Teure Brüder und Schwestern,
wir sind genötigt, die Trauer, die Ihr um Christi willen ständig tragt, noch größer zu machen. Unser Sohn, Iwan Wassiljewitsch **Moissejew,** *geboren 1952, Mitglied der Kirche der Evangeliumschristen-Baptisten in Slobodseja, im Militärdienst in der Stadt Kertsch, empfing am 16. Juli 1972 den Märty-*

rertod für sein Zeugnis für Jesus Christus. Zerschlagen, mit Wunden überdeckt, mit einem glühenden Eisen gebrannt, wurde er noch lebend im Schwarzen Meer an einer Stelle von 156 cm Tiefe ertränkt. Sein Körpermaß beträgt 185 cm . . .

»Der Tod trat infolge von Gewaltanwendung ein«, heißt es im Protokoll der Expertise, die bei der Obduktion ausgefertigt wurde.

Unser Sohn wurde der Zahl der um des Wortes Gottes willen Getöteten zugezählt. Indem wir trauern, freuen wir uns zugleich über seine Heiligung durch Leiden. Mehr als alles auf der Welt liebte er in seinem Leben Jesus, was er bewiesen hat. In seinen kurz vor dem Tod geschriebenen Briefen ermahnte er uns: »Wenn Ihr auf der Welt irgend etwas oder irgend jemanden mehr als Christus liebt, könnt Ihr ihm nicht nachfolgen.« . . . Indem er zum Guten Lehrer aufblickte, glaubte er standhaft und litt.

Möge diese lebendige Blume, die die Blüte ihrer Jugend ans Kreuz dahingegeben hat, der ganzen christlichen Jugend als gutes Beispiel dienen – Christus so zu lieben, wie unser Sohn Wanja ihn liebte.

. . . Wir bitten darum, durch das Journal mitzuteilen, daß Prüfungen uns heimgesucht haben. Aber Gott ist treu, der uns helfen wird, sie zu überstehen.

Die Verwandten von Wanja:
der Vater, die Mutter, die Brüder, die Schwester Moissejew.

1. August 1972

Bulletin des Verwandten-Rats
der inhaftierten Evangeliumschristen-Baptisten
in der UdSSR

»Gedenket der Gefangenen
als Mitgefangene und
derer, die Ungemach leiden.«
Hebr. 13,3

Moskau 1972

Teure Brüder und Schwestern,

»Teuer ist in den Augen des Herrn der Tod seiner Heiligen«, und besonders teuer ist der Märtyrertod der treuen Zeugen Christi.

Beim Verwandten-Rat der inhaftierten Evangeliumschristen-Baptisten sind zahlreiche Unterlagen eingegangen (Dokumente, Fotografien, Briefe, Tonbandaufzeichnungen und Augenzeugenberichte) zum Märtyrertod eines christlichen Jünglings, unseres teuren Bruders Iwan Moissejew.

Mit tiefer Trauer machen wir Euch Mitteilung von dieser schreienden Gesetzlosigkeit und Willkür, die sich nun schon nicht mehr im Gefängnis von Barnaul zugetragen hat, wie das bei Bruder Nikolaj Chmara im Jahre 1964 der Fall war, sondern in den Reihen der Sowjetischen Armee. Doch die Hand der geheimen Mörder und Henker ist, wie die Dokumente bezeugen, in beiden Fällen ein und dieselbe.

Diese Information stellt sich nicht zum Ziel, Haß oder Empörung gegen die Verfolger der Kirche Christi in unserem Lande und gegen die sie unterstützenden Atheisten zu wecken, sondern in erster Linie, sie zur Umkehr zu rufen (Psalm 2,10–12) und zur Einsicht zu bringen, daß sie, wenn sie nicht bereuen, unausweichlich vor den Gerechten Richter zu stehen kommen werden, der sie bezahlen lassen wird für alles gerechte Blut, das in unserem Lande vergossen worden ist, und der ihnen vergelten wird nach ihren Taten (Matth. 23,32–33, 35).

In zweiter Linie wünscht der Verwandten-Rat Inhaftierter zusammen mit den Angehörigen von Bruder Wanja Moissejew – und er bittet den Herrn darum –, daß durch diesen Märtyrertod viele Kinder Gottes und die ganze christliche Jugend erweckt und vom Geiste angeleitet werden zu einem hingebungsvolleren Zeugnis vom Heil in Christus für die untergehende Welt.

Die Wiederkunft des Herrn steht nahe bevor. Er hat das durch Offenbarungen bezeugt, die er Bruder Wanja in seinen letzten Lebenstagen zuteil werden ließ. Bezeugt hat er es auch durch zahlreiche andere Brüder. Er hat die Zahl der um des Wortes Gottes willen Getöteten unter dem Altar aufgefüllt. Auf diese Weise hat das, was das treue Gotteskind vor seinem Tode verkündete, große Kraft, nicht nur aus dem Heiligen Geist, sondern auch aus dem Blut des Märtyrers für die Sache des Evangeliums gewonnen.

Einige Fakten aus der vorbereiteten Hinrichtung Bruder Wanjas bleiben für uns vorläufig geheimnisvoll, aber für Gott gibt es kein Geheimnis, das nicht offenbar würde. Und wir glauben, daß er in nicht ferner Zukunft uns alles erschließen wird, was noch zu seiner Ehre und zur Rettung jener Seelen gereichen kann, die Zeugen des Märtyrertodes des jungen Verkündigers Iwan Moissejews waren.

Dies ist das unverbrüchliche Gesetz des geistlichen Krieges: der Tod des ersten Blutzeugen, des Christen Stefanus, trug hundertfältige Frucht für das Reich Gottes, indem er den Verfolger Saulus zu selbstaufopferndem Dienst für Christus erweckte.

Bruder Wanja war nach seinem letzten Urlaub zu Hause, bereit, sich fotografieren zu lassen, bevor er sich anschickte, zu seiner Einheit zurückzukehren. Dabei sagte er: »Soll euch dieses Foto als Andenken bleiben, aber ich werde es nicht zu sehen bekommen . . .« So schaut er jetzt auf uns aus der Fotografie, ein tapferer Soldat Christi, acht Tage vor seinem tragischen Ende im Bilde festgehalten. Daneben aber ist die Aufnahme seines toten Leibes mit den Spuren der grausamen Folterungen, die seine Henker ihm mit der Absicht beigebracht haben, den unerschütterlichen Glauben an den Allmächtigen Gott aus seinem Herzen herauszureißen. Doch Gott sei Dank! Das gelang ihnen nicht. Sie quälten nur seinen Leib zu Tode, seiner Seele vermochten sie keinen Schaden beizufügen! Er starb als Christ. Er starb für Christus! Er starb für Seine Kirche! Er starb, indem er das Banner der christlichen Jugend hochhielt!

Jesus Christus, der Gekreuzigte, hat durch diesen Tod erneut die Welt besiegt, hat unsere Verfolger besiegt! Ihre Schande können sie nur mit Tränen tiefer Reue und mit dem Blut Jesu Christi abwaschen.

Mögen sich die Herzensaugen vieler Christen öffnen, damit sie diesen Sieg sehen. Und möge der Heilige Geist viele durch ihn zu guten Taten in der Sache der Verkündigung inspirieren.

»Die Liebe Christi brenne in Euren Herzen wie am Meer das Leuchtfeuer, und Bruder und Nichtbruder sage: Wie groß ist Christi Liebe!«
(Aus dem persönlichen Notizbuch Wanjas).

Der Verwandtenrat
der inhaftierten Evangeliumschristen-Baptisten in der UdSSR

9. Gegendarstellung Semjons

Ich kann nicht schweigen

Mein Bruder ist tot. Das ist schwer zu fassen, denn er war erst zwanzig Jahre alt, als ein sinnloser Tod seinem Leben ein Ende machte. Mir ist er immer sehr teuer gewesen und ist es noch.

Wir wuchsen beide unter demselben Dach auf; wir wurden beide von den zärtlichen Händen unserer Mutter geliebkost. Wir gingen in die gleiche Schule im Dorf Wolontirowka im Suworowskij Bezirk. Ich bedaure nur eines: Ich zerbrach die Ketten, mit denen die Baptisten uns an Händen und Füßen gefesselt hatten, aber Iwan tat das nicht.

Er ist nicht mehr. Seine sogenannten Brüder in Christus wehklagten, so daß es die ganze Welt hören konnte, und behaupteten, daß Iwan um seines Glaubens willen leiden mußte und gewaltsam ertränkt wurde. Ich kann nicht schweigen, wenn manche allen möglichen Unsinn erzählen, unsere Sowjetherrschaft bedrohen und das sowjetische Volk beschmutzen. Ihr, die ihr das tut, verbreitet Lügen, ihr beschimpft das Andenken meines Bruders, ihr verleumdet meine Mutter und meinen Vater. Mein Bruder und ich hatten verschiedene Weltanschauungen. Er blieb gläubig, ich nicht. Doch der Unterschied in unseren Auffassungen machte uns deshalb nicht zu Feinden. Manchmal stritten wir uns. Ich glaubte, es würde nicht mehr lange dauern und mein Bruder würde mit den Baptisten brechen. Es war ein schwerer Schlag für mich, als wir erfuhren, daß Iwan einen Unfall gehabt hatte. Die Familie und ich fuhren nach Kertsch, um seine Leiche zu holen und ihn in der Heimat zu begraben.

Zehn oder fünfzehn Tage später stellte der sogenannte Rat der Evangeliumschristen-Baptisten ein gefälschtes Dokument über den Tod meines Bruders zusammen. Ich las es. Es enthält baren Unsinn. Man höre sich nur das an: »Es ist erwiesen, daß Iwan um seines Glaubens willen verfolgt wurde, daß er bestraft, seiner Freizeit beraubt wurde, so daß er nicht in die Stadt gehen konnte, er wurde gefoltert etc.!« All das ist Verleumdung.

Ich fühlte mich geehrt, an dem Ort zu sein, wo mein Bruder seinen Militärdienst abgeleistet hatte. Ich unterhielt mich mit seinen vorgesetzten Offi-

zieren und den Soldaten. Sie hatten nichts gegen ihn. Er kam seinen Pflichten treu nach, er war Chauffeur bei dem Kommandeur der militärischen Einheit, in der er den Militärdienst ableistete. Innerhalb eines Jahres bei der Armee hatte er bereits sieben Verdienstpunkte von seinem Kommandeur bekommen. Zweimal wurde ihm ein kurzer Heimaturlaub angeboten. Die Baptisten versuchen, es so darzustellen, als wenn Iwan in der Armee unterdrückt worden wäre. Das ist nicht wahr. Ich habe selbst beim Militär gedient, und ich weiß, daß die Soldaten nicht verfolgt werden, selbst jene nicht, die ihren religiösen Glauben bekennen. Iwan hatte die Gelegenheit, an religiösen Zeremonien teilzunehmen. Denn er erhielt wie die anderen Soldaten einen Paß. In seiner freien Zeit konnte er gehen, wohin er wollte, und er besuchte Gebetsversammlungen.

Die Baptisten behaupten, daß mein Bruder als Märtyrer litt und später ertränkt wurde. Das ist eine abscheuliche Lüge! Ich unterhielt mich mit denen, die bei dem Unfall anwesend waren. Er kam durch einen Unfall ums Leben. Das kann jedem zustoßen. Gewiß waren Male an seinem Körper, aber nicht von Folterungen oder glühenden Eisen, wie die Baptisten versichern. Diese Male stammten von der Herzmassage und den Spritzen, da man versuchte, Iwan unter allen Umständen zu retten.

Man brachte den Leichnam meines Bruders in einem Zinksarg nach Hause. Hier begriff ich erst, daß die Baptistenführer etwas planten. Sie beschlossen, Photographien zu machen. Sie stießen mich von der Seite des Sarges weg, es waren viele von ihnen im Haus. Bei der Beerdigung legten die Baptisten den törichten Dorfbewohnern ein leeres Stück Papier vor, auf dem sie ihre Unterschriften eintragen sollten. Die Leute stimmten aus Gutmütigkeit zu. Sie unterzeichneten, ohne daran zu denken, daß die Baptistenführer später über ihren Unterschriften eine »Erklärung« hinschreiben würden, daß Iwans Tod die Folge von vorbedachtem Mord war. Was für eine abscheuliche Fälschung!

Wer war dafür verantwortlich? Die sogenannten Baptisten und vor allem ihre Führer. Iwan wußte um diese illegalen Führer, er war ihnen ja begegnet; doch sagte er ihnen nicht die Wahrheit. Bei seinem zweiten Urlaub erzählte er uns allen, auch unserem Onkel Werebtschany, daß er mit dem Militärdienst ganz zufrieden sei. Vor langer Zeit schon hatte er den militärischen Eid abgelegt. (Die Baptisten weigern sich sehr oft, diesen Eid zu leisten.) Einen Tag nach der Vereidigung traf er sich mit den illegalen Dienern Gottes in

Tiraspole; er sagte ihnen nicht, daß er den Eid geleistet hatte, er führte sie irre.

Die Leiter der Evangeliumschristen-Baptisten verfaßten den Brief im Namen meiner Eltern, damit beschuldigten sie ehrliche Leute. Warum tatet ihr das? Ja, meine Eltern sind Christen, aber sie wollen nicht in euer schmutziges Geschäft hineingezogen werden; sie wollen unser Volk und unser Regierungssystem nicht verleumden. Sie wissen, daß das Sowjetregime ihnen und ihren Kindern das Tor zu einem glücklicheren Leben geöffnet hat. Und wenn sich in unserer Familie ein Unglücksfall zugetragen hat, benutzt das bitte nicht zu eurem Vorteil! Es wird keinen Erfolg haben. Wir haben eure Verleumdung aufgedeckt und beiseite gefegt! Ihr dürft mit euren schmutzigen Händen nicht das Andenken an den Sohn seiner Eltern und an meinen Bruder auslöschen.

Eure Erklärung ist ein Betrug. Die Führer der Christen (Baptisten) im Ausland brauchen das, sie gaben euch den Befehl dazu. Ich weiß zum Beispiel, daß der verleumderische Bericht über Iwan Moissejews Tod in viele Sprachen übersetzt, vervielfältigt und in fünfzehn Ländern verbreitet wurde.

So kam es heraus, warum ihr so schnell gehandelt habt! Aber denkt daran, ihr könnt das Sowjetvolk nicht zum Narren halten.

Semjon Moissejew,
Lastwagenfahrer

10. Gegendarstellung der Presseagentur Nowoski.

Sie wurde von der »SOWJETUNION HEUTE«, der Zeitschrift der sowjetischen Botschaft in Bonn, am 15. März 1973 an die »DEUTSCHE TAGESPOST«, Würzburg, aufgrund eines Artikels geschickt, der in dieser Zeitung am 23. 1. 73 über den Tod Iwan Moissejews erschienen ist.

Wahrheit über J. Moissejew

Deutsche Tagespost Würzburg

Mittwoch, 28. März 1973 – Nr. 38

Am 23. Januar publizierte die »Deutsche Tagespost« unter dem Titel »Martyrium eines christlichen Soldaten« den Bericht über den Tod des zwanzigjährigen Iwan Moissejew. Dem Artikel lag die Dokumentation des Verwandtenrates der inhaftierten Evangeliumschristen-Baptisten in der UdSSR zugrunde, die auf Wegen, die begreiflicherweise nicht veröffentlicht werden können, zur Forschungs- und Informationsstelle »Glaube in der zweiten Welt«, Küsnacht, Zürich, Schiedhaldensteig 26, gelangte. Die Dokumentation befindet sich noch heute dort, wie der Leiter der Stelle, Eugen Voß, auf telefonische Anfrage mitteilte. Sie besteht aus 26 Schreibmaschinenseiten, Tonbändern, die von Iwan Moissejew besprochen wurden, und Fotografien. Die Übersetzung besorgte Pfarrer Voß. Sie wurde im vollen Wortlaut, einschließlich der Tagebuchaufzeichnungen von Iwan Moissejew im Informationsheft der Christlichen Ostmission, Jan. 1973 – (Frankfurt M., Postfach 900232) publiziert.

Am 15. März 1973 schrieb die Redaktion »Sowjetunion heute« den folgenden Brief an die »Deutsche Tagespost«, wobei vermerkt werden muß, daß diese Zeitschrift von der sowjetischen Botschaft in Bonn herausgegeben wird.

Brief der »Sowjetunion heute«

In Ihrer Zeitung vom 23. Januar 1973 wurde eine »Dokumentation« über den Tod Iwan Moissejews abgedruckt. Wir haben mehrere Anfragen von Ihren Lesern bekommen mit der Bitte, zu dieser »Dokumentation« Stellung zu nehmen. Grundsätzlich ist zu der genannten »Dokumentation« zu sagen, daß sie ein krasses Beispiel von Fälschung und Lüge zum Zwecke der Verleumdung der Sowjetunion darstellt. Wir bitten Sie, diesen unseren Brief und die beiliegende Gegendarstellung zu veröffentlichen.

Hochachtungsvoll
Wadim Ananjew

Presse und Informationsabteilung der Botschaft der UdSSR, Redaktion »Sowjetunion heute«.

Hierzu sei bemerkt, daß sich nur in ganz seltenen Fällen eine amtliche sowjetische Stelle zu Berichten äußert, die im Ausland über Verfolgungen der Gläubigen in der UdSSR veröffentlicht werden. Man kann aus dieser Tatsache entnehmen, wie außergewöhnlich stark der Protest im westlichen Ausland war und ist.

Die amtliche sowjetische Gegendarstellung hat folgenden Wortlaut (gekürzt):

An einem heißen Julitag 1972 ertrank am Kap Borsowka in der Nähe von Kertsch der Soldat Iwan Moissejew. Er ertrank beim Schwimmen rund 100 Meter vom Ufer entfernt. Am Strand waren viele Badegäste, und so konnte er schnell ans Ufer gebracht werden.

Es wurde alles getan, um ihn zu retten. Zunächst wurde er künstlich beatmet. Frau Dr. Nowikowa machte eine indirekte Herzmassage und spritzte ihm Adrenalin ins Herz und Ephedrin in die Adern. Aber alle Bemühungen waren vergeblich. Wie die spätere Untersuchung ergab, war der Tod infolge einer Herzlähmung sofort eingetreten.

Unter den Verwandten des Ertrunkenen sind einige Anhänger des sogenannten »Rates der Kirchen der Evangelischen baptistischen Christen«, dessen Führer den Entschluß faßten, den Tod des »Bruders« zu provokatorischen Zwecken auszunutzen. Den Leuten, die sich im Dorf Wolontirowka (Moldawien) zur Beerdigung Iwan Moissejews eingefunden hatten, wurde erklärt, Iwan sei »zu Tode gequält« worden. Die Spuren, die nach den Rettungsversuchen und der ärztlichen Untersuchung am Körper zurückgeblieben waren, wurden als Beweise seines »Martyriums« interpretiert. Während der Beerdigung wurde eine Unterschriftensammlung unter ein verleumderisches »Protokoll« durchgeführt.

Diese Fälschungen haben auch in der Bundesrepublik Verbreitung gefunden. Das westdeutsche Fernsehen benutzte sie in seinen Sendungen, und Radio Liberty, München, begleitete sie durch eine Schilderung der »Qualen«, die Iwan Moissejew wegen seines Glaubens erdulden mußte. Radio Liberty behauptete unter anderem, der Soldat habe zwei Wochen lang jede Nacht bei 30 Grad Kälte fünf Stunden draußen bleiben müssen. Die Erfindung von Radio Liberty hätte vielleicht einen größeren Gruseleffekt, wenn Radio Liberty dem Beispiel einer Figur aus einer der Tschechowschen Erzählungen gefolgt wäre, die behauptete, in Moskau gäbe es bis 200 Grad Kälte.

Die Zeitung »Stawropolskaja Prawda« *(Nordkaukasien) veröffentlichte einen Artikel über den Tod Moissejews und über die Entstellung dieser Tatsache durch die Führer des »Rats der evangelischen baptitistischen Christen«. Die Zeitung erhielt daraufhin zahlreiche Zuschriften von Augenzeugen des Unglücks. Hier sind einige davon:*

Michnij Nesterenkos, Arbeiter im Schlachthof von Wolgograd, seine Frau Irina, Arbeiterin der Technologieschule Wolgograd, ihre Tochter Tatjana, Fachschülerin und Elene, Schülerin, schreiben:

»Als wir im Urlaub waren, unternahmen wir mit unserem Wagen eine Reise. Am 16. Juli 1972 besichtigten wir in der Stadt Kertsch verschiedene Sehenswürdigkeiten und fuhren anschließend zum Asowschen Meer baden. Dort, wo wir unsere Badesachen angezogen hatten, hielt ein GAZ-69-Wagen, in dem einige Soldaten und Zivilisten saßen. Der Fahrer bat seinen Vorgesetzten, schwimmen gehen zu dürfen. Dieser erlaubte es ihm, aber der Fahrer war zu weit hinausgeschwommen und war bald in den Wellen nicht mehr zu sehen. Wir suchten ihn. Nach einigen Minuten sahen wir einen

Menschen, den die Wellen zum Ufer trieben. Sein Gesicht war im Wasser. Michail und einige unbekannte Männer holten ihn ans Land. Es war der Kraftfahrer Moissejew. Man schickte sofort nach einem Arzt.«

Michail Nesterenko: »*Man legte den Ertrunkenen mit dem Bauch über mein Knie, damit er das geschluckte Wasser ausspucke. Es kam aber kein Wasser, sondern Speisereste und weißer Schaum. Dann legten wir ihn auf den Rücken und beatmeten ihn künstlich. Es kamen eine Krankenschwester und eine Ärztin aus dem Ferienheim. Die Ärztin machte Moissejew Injektionen in den linken Arm und in die linke Brusthälfte. Man rieb den Ertrunkenen mit Alkohol ab, machte ihm einen warmen Umschlag um die Füße und Senfpflaster. Alle Leute, die am Strand waren – und es waren viele – beteiligten sich an den Rettungsversuchen. Dann holte man Vertreter der Miliz und der Militärstaatsanwaltschaft, die den Tod protokollieren sollten.«*

Dr. Irina Nowikowa: »*Als ich an der Unglücksstelle eintraf, hatte der Ertrunkene keinen Puls mehr. Auch der Herzschlag war nicht mehr zu hören. Ich begann mit der künstlichen Beatmung, spritzte ihm Ephedrin in die Ader und Adrenalin in den Herzmuskel. Ich wurde von der Krankenschwester Tamara Mamsina unterstützt, die in Kertsch in der Politklinik Nr. 2 des Woikow-Woikow-Werkes arbeitet. Dann kam ein Rettungswagen mit einem Arztgehilfen und gleich darauf ein zweiter mit einem Arzt und einer Krankenschwester. Leider aber hatten unsere Anstrengungen keinen Erfolg . . .«*

Die Führer der Baptisten-Anhänger des »Rats der Kirchen der evangelischen baptistischen Christen« mißbrauchen diesen tragischen Tod zu ihren Zwekken. Sie versammelten im Dorf Wolontirowka, wo Iwan Moissejew bestattet wurde, die Gläubigen und erklärten ihnen, Iwan sei »wegen seines Glaubens« zu Tode »gequält« worden. Die Injektionseinstiche in der Herzgegend und die Verletzungen, die vom Aufschlagen des Körpers an die Ufersteine herrührten, wurden für »Spuren der Folter« ausgegeben. Gleich bei der Beerdigung sammelte man Unterschriften unter einen verleumderischen Text.

Die Einwohner des Dorfes Wolontirowka, Moldauische SSR, erzählen darüber folgendes:

S. Albu, ein Nachbar der Moissejews: »*Als der Sarg Iwans aus dem Hof getragen wurde, kam Wladimir Moissejew, Iwans Bruder, mit einem Blatt Papier zu mir und forderte von mir eine Unterschrift. Ich habe nicht gelesen, was dort stand, und auch keine Fragen gestellt – es war einfach nicht der geeignete Augenblick dazu. Ich sah, daß die anderen es ebenso machten und setzte mechanisch meinen Namenszug darunter.«*

Agafja Matrojonowa: *Wladimir Moissejew ersuchte mich, durch meine Unterschrift zu beglaubigen, daß Iwan tot sei. Andere Leute taten es, und so unterschrieb ich auch. Oben war das Blatt unbeschrieben und unten standen die Namen. Ich unterschrieb dort, wo mein Name stand.«*

Daria Romonu: *»Ich fragte, wozu ich unterschreiben soll. Wladimir erwiderte: ›Hab keine Angst. Es wird nichts passieren. Wie heißt du denn mit Zunamen.‹ Ich sagte es ihm. Er schrieb es auf. Aber ich habe nichts unterschrieben und bin zur Seite getreten.«*

Auf eine ähnliche Art wurden die Unterschriften der »Zeugen« J. Mankosch, W. Tschernjawskaja, J. Kolesnitschenko, T. Piskar usw. gesammelt. Ihre Namen stehen ebenfalls unter dem gefälschten »Protokoll über den Märtyrertod Iwan Moissejews«. Dieses verleumderische »Protokoll« haben die im Untergrund wirkenden Führer des »Rats der Kirchen der evangelischen baptistischen Christen« ins Ausland geschmuggelt.

Jetzt wird es von der westlichen Propaganda als »Beweis« für die Kirchenverfolgung in der Sowjetunion verbreitet . . .«

Presseagentur Nowosti

Zu den Zeugenaussagen:

Den Tod Moissejews hat niemand von seinen Angehörigen gesehen.
Sie sind auf die Schilderung des Kommandeurs, Oberstleutnant Malsin, angewiesen. Er sagte den Angehörigen: »Nach dem Mittagessen (16. Juli 1972) fuhr ich mit Moissejew zusammen auf einem Wagen ›GAZ-69‹ an den Strand.« (Soldaten, die Augenzeugen waren, schilderten den Vorgang so: »Malsin fuhr in einer ›Pobeda‹ zusammen mit unbekannten Zivilpersonen. Moissejew folgte ihnen allein auf einem Fahrzeug GAZ-69 in unbekannte Richtung«).

Malsin: »Moissejew starb schwer. Er kämpfte mit dem Tod, aber er starb als Christ.«

Warum werden nur unbekannte, nichtamtliche Zeugen aufgeführt? Warum äußert sich nicht Oberstleutnant Malsin? Warum wird der Wortlaut des amtl. Totenscheins nicht veröffentlicht und ebenso der der Obduktion? In einem Land, in dem sich ausländische Journalisten nicht frei bewegen dürfen und ihre Berichte an die heimischen Redaktionen der amtlichen Zensur unterliegen, können Zeugenaussagen unbekannter Bürger kein großes Vertrauen genießen, zumal von hier aus nicht nachprüfbar ist, ob ihre Aussagen ohne Druck zustande kamen.

Zur Fälschung:

Die Verletzungen am Körper Moissejews sollen nach sowjetischer Version vom Aufschlagen auf die Ufersteine und den nachfolgenden Rettungsaktionen herrühren. Auch hier würde die Veröffentlichung des Obduktionsergebnisses mehr Klarheit schaffen als unbewiesene Behauptungen. Daß die Obduktion stattgefunden hat, ist am Leichnam ersichtlich. Die obduzierenden Ärzte müssen festgestellt haben, ob die Einstiche, Blutergüsse und sonstigen Verletzungen vor oder nach Eintreten des Todes zugefügt wurden. Wie werden die Verbrennungen erklärt?

Die Angehörigen beantragten am 1. August 1972: 1. die sofortige Entsendung einer medizinischen Expertenkommission zur Exhumierung und Fixierung des verstümmelten Körpers ihres Sohnes, 2. die Strafuntersuchung zwecks Ausfindigmachen der Verantwortlichen. Die Personen, die ihn zu Tode gefoltert haben, sind als Verbrecher zu bezeichnen. 3. Die Eltern kündigen ihre Weigerung an, ihre vier weiteren, jüngeren Söhne zum Militärdienst zu schicken, bevor eine Klärung der Angelegenheit erfolgt und somit die »erforderliche Garantie für die Sicherheit gläubiger Söhne in der Armee abgegeben ist«. 4. Die Exhumierung darf nur in Anwesenheit der Eltern vorgenommen werden. Der Expertenkommission »müssen zwei christliche Ärzte angehören«.

Der Antrag blieb ohne Antwort!

Nach Angaben der sowjetischen Darstellung wurden bei der Beerdigung Moissejews Unterschriften unter einen »verleumderischen Text« abgegeben. (Vollständiger Text siehe S. 116).

Es folgten 23 Unterschriften. Diese Bewohner des Dorfes Wolontirowka waren offensichtlich davon überzeugt, daß die Verletzungen von Iwan Moissejew so schwerwiegend waren, daß der Tod eingetreten sein mußte, bevor man Moissejew ins Wasser warf. Leider war kein Arzt unter ihnen, so daß diesem Zeugnis nur bedingtes Gewicht gegeben werden kann. Verleumdet wurde dabei niemand, denn es wird niemand der Tat beschuldigt. Die Täter blieben bis heute unbekannt, da die beantragte Untersuchung unterblieb.

Es werden in der sowjetischen Gegendarstellung sieben Zeugen aufgeführt, die ihre Unterschrift leugnen oder behaupten, nicht gewußt zu haben, was sie unterschrieben. Der Zeuge Albu S. sagt aus: »Ich sah, daß andere es ebenso machten und setzte mechanisch meinen Namenszug darunter.« Albu S. steht an zweiter Stelle nach der Familie Moissejew. Wie viele also können vor ihm unterschrieben haben?

Agafja Matrojonowa behauptet, ein leeres Blatt mitunterschrieben zu haben. Sie soll also die Familie Moissejew damit beschuldigen, bei der Unterschriftensammlung betrogen zu haben. Ihr Name findet sich auf der Liste der Unterschriften jedoch überhaupt nicht.

Ebenso die Namen der angeblichen Zeugen Tschernjanskaja und Piskar. Die Zeugin Darja Romonu leugnet dagegen ihre Unterschrift schlechthin, obwohl sie auf der Fotokopie klar zu erkennen ist. Von den 23 Zeugen haben also vier widerrufen, während die anderen drei als Zeugen für einen angeblichen Betrug auftreten, obwohl sie überhaupt nicht unterschrieben haben.

Indessen sind bereits Nachrichten aus der Sowjetunion in den Westen gelangt, die die Situation in dem Dorf Wolontirowka erhellen. In den Mitteilungen vom Missionsbund »Licht im Osten«, Februar 1973 (7015 Korntal, Postfach 1340) wird unter dem Titel »Falsche Zeugen im Fall Moissejew« folgendes veröffentlicht: »Aus zuverlässiger Quelle hören wir, wie man in der Sowjetunion selber sehr bemüht ist, diesen Fall brutaler Christenverfolgung zu vertuschen. Inzwischen wurde eine Verlautbarung erstellt, nach der die Spuren am toten Körper des ›Ertrunkenen‹ von Widerbelebungsversuchen des Arztes herrühren sollen. Scheinbar überzeugt diese Darstellung jedoch nicht, denn man hat mehrere Christen bedrängt, eine Gegendarstellung zu den beweiskräftigen Dokumenten zu verfassen. Von drei solcher Christen wissen wir, daß sie sich hartnäckig weigerten.

11. Der Brief der Eltern

Die Nachricht vom Tode Wanjas verbreitete sich schnell über viele Gebiete auch der Sowjetunion, und eine Welle der Teilnahme schlug der Familie Moissejew entgegen. Sie bekam Briefe von jungen Menschen, die ihren Glauben bezeugten, von älteren, die selbst schon um ihres Glaubens willen gelitten hatten, aber auch von Atheisten und Zweiflern.

Einer Gruppe von Atheisten in der Stadt Rjasan antworteten sie mit folgendem Brief:

Unter der Fülle von Beileidsbriefen, die wir nach dem Martyrium unseres Sohnes Iwan wegen seines Glaubens an Gott erhielten, war auch der Ihrige.

Wir danken Ihnen für Ihre Teilnahme. Unser Sohn starb an den Folterungen durch fanatische Atheisten, die die Macht und das Schwert haben. Wir lasen das Nachrichtenblatt 9, das vom Rat der Verwandten von Gefangenen in der UdSSR herausgegeben wird. Wir bestätigen, daß alles, was darin über unseren Sohn geschrieben war, der Wahrheit entspricht. Wir sind im Besitz seiner letzten Briefe, deren Kopien im Blatt abgedruckt waren. Wir verwahren auch das Tonband, auf dem Wanjas Berichte über die schrecklichen Erfahrungen, die er bereits vor seinem Märtyrertod durchmachen mußte, aufgenommen wurden. Damit Sie größere Klarheit gewinnen über die Bedingungen, unter denen Gläubige in unserem Land leben müssen, raten wir Ihnen, alle vorhergehenden Nummern des Nachrichtenblattes vom Rat der Verwandten von Gefangenen zu lesen. Mit Fragen über zusätzliche Beweise seines Martyriums können Sie sich an die Gerichtsmediziner wenden, an den Bevollmächtigten der Armee und an Dr. Potapow in Kertsch, der die Autopsie bei Wanja vornahm.

Wir flehen Sie im Namen Jesu an, gegen den Sie gekämpft haben und vielleicht noch kämpfen – lassen Sie sich mit Gott versöhnen.

Dezember 1972 *Die Moissejews*

Wer mehr Informationen haben will, wende sich an folgende Stellen:

Amnesty International
53 Theobald's Road
London WCIX 8SP
England

Missionsbund »Licht im Osten«
Postfach 1340
7015 Korntal-Münchingen 1

»Glaube in der 2. Welt«
Forschungs- und Informationsstelle
Postfach 142
CH-8700 Küsnacht-Zürich

Gladys Peterson

Zwischen Kreuz und rotem Stern

Begegnungen und Gespräche in der Sowjetunion
88 Seiten, 8 Bildseiten, ABCteam Bd. 58, Paperback

Begegnungen und Gespräche mit Christen in der UdSSR geben Einblick in den Alltag Unbekannter und in das »normale« Gemeindeleben im Ostblock.

Nicht die schlagzeilenträchtigen Fälle verfolgter Christen in der Sowjetunion sind es, die den Charakter dieses Buches prägen. Die Autorin hat sich bei ihrer ausgedehnten Reise durch die UdSSR um Kontakt mit den unauffälligen Christen bemüht. Wie leben sie? Was sind ihre Probleme? Wie bereiten z.B. christliche Eltern ihre Kinder auf die Auseinandersetzung mit der atheistischen Ideologie in Kindergarten, Schule und Hochschule vor?
Der Leser begegnet in diesem Buch nicht nur Glaubenshelden, sondern auch Menschen, die dem Druck nicht standhalten konnten und ihren Glauben widerriefen, und solchen, die ihr Christsein verheimlichen.

R. Brockhaus Verlag Wuppertal

Corri ten Boom

Gefängnisbriefe

Täglich geschehen hier Wunder
70 Seiten, 4 Bildseiten, ABCteam Bd. 65, Paperback

Hier sind es zwei Frauen, die der Gewalt ausgeliefert sind und dabei eine Freiheit erfahren, um die man sie beneiden könnte. Zuerst werden fünfunddreißig Personen, Familienangehörige und Freunde, in die Gefängnisse eingeliefert. Am Ende wartet das KZ auf die beiden Frauen, Fünfzigerinnen, die einander auf den Transport wiederfinden und nun bis Betsies Tod die großen Leiden dieser Gefangenschaft und die noch größeren Freuden einer besonderen Art von Freiheit erleben: die Freiheit eines fortgesetzten Austauschs im Gebet mit Gott und das Ausleben der Liebe zum Menschen. Diese persönlichen Briefe an die wieder in Freiheit lebenden Angehörigen spiegeln bei allem Leid eine abenteuerliche Freude wider, Erfahrungen besonderer Führung und Getröstetwerdens. Die Tagebucheintragungen wurden beim Umzug nach Overveen wiedergefunden. Sie führen trotz Zensur, der zumindest die Briefe unterlagen, vermutlich am dichtesten an die Ereignisse heran, die für Corri ten Boom zum Anlaß ihres weltweiten Dienstes wurden.

R. Brockhaus Verlag Wuppertal